FITNESSTRAINING
FÜR DEN KOPF

Peter Kruppa

FITNESSTRAINING FÜR DEN KOPF

Gehirnjogging • Gedächtnistraining
Neue Lernstrategien
Erfolgreicher lernen mit System

SÜDWEST

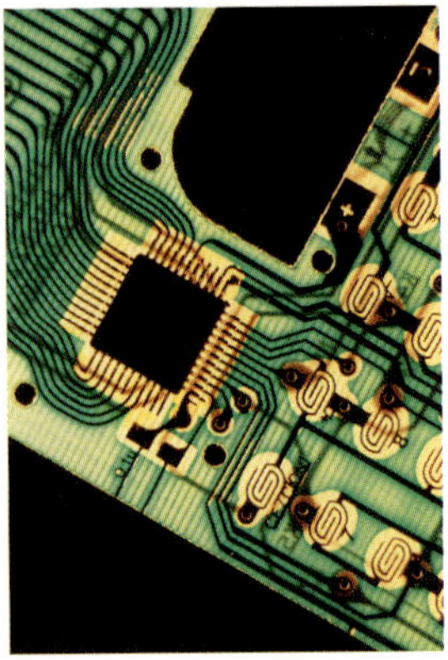

INHALT

x(a+

Vorwort

In der heutigen Zeit schneller Veränderungen geht Lernen uns alle an. Jeder sollte daher mit den grundlegenden Methoden erfolgreichen Lernens vertraut sein.

Sicher kennen Sie die kribbelige Situation vor einer Prüfung, wenn Sie aufgeregt denken: »Mein Gott! Habe ich auch alles gelernt? Kann ich den Stoff auch wieder abrufen und zu Papier bringen? Hoffentlich bestehe ich die Prüfung!«

Lern- und Prüfungserfolg sind oftmals nur das Ergebnis davon, dass jemand durch Zufall oder systematisches Vorgehen auf die richtigen Methoden des Lernens gestoßen ist. Denn bei jeder Art von Bildung ist es wichtig, neue Informationen – also Lernstoff – zeitstabil im Gedächtnis zu verankern und jederzeit abrufen zu können. Wer in Schule, Studium und Beruf am Ball bleiben will, muss lernen, lernen und nochmals lernen. Denn wer sich nicht weiterbildet, kommt heute in vielen Arbeitsbereichen nicht weiter. Dabei ist für jeden Lernenden die wichtigste Frage: »Wie kann ich meine Lernmethoden so verbessern, dass ich den Stoff auch behalte und, etwa bei einer Prüfung, auch wieder abrufen kann?«

Dieses Buch soll eine Hilfe für jeden sein, der durch einfache und effiziente Lerntechniken das Behalten jeglicher Art von Informationen wie Daten, Texten, Fremdwörtern, Vokabeln, Telefonnummern, Postleitzahlen, Paragrafen u. v. m. verbessern will. Die neuesten wissenschaftlichen Forschungsergebnisse und die sich daraus für das individuelle Lernverhalten ergebenden Konsequenzen werden auf verständliche Art und Weise vorgestellt.

Der Aufbau des Buchs

Bevor Sie wichtige Hinweise für das erfolgreiche Lernen erhalten, befassen wir uns damit, was unter dem Begriff »Lernen« zu verstehen ist (siehe Seite 10 ff.).

Dann werden im nächsten Kapitel (siehe Seite 18 ff.) aus der biologischen Gedächtnis- und Gehirnstruktur praktische Konsequenzen gezogen. Im dritten Kapitel (siehe Seite 38 ff.) stehen der Mensch und u.a. auch der Zusammenhang zwischen Stress und Lernerfolg im Mittelpunkt. Erste Schlussfolgerungen aus dem Gehirnaufbau münden in mehrere Lernstrategien, die im vierten Kapitel zu einem vielseitig anwendbaren Modell zusammengefasst werden.

Im fünften Kapitel (siehe Seite 58ff.) zeige ich Ihnen, wie Sie sich, ohne viel Geld ausgeben zu müssen, eine praktische Lernmaschine bauen können, die Ihre Lernerfolge wesentlich verbessert.
Immer wichtiger wird das Gedächtnistraining im Alltag, landläufig Gehirnjogging genannt. Das sechste Kapitel (siehe Seite 68ff.) stellt Ihnen einige erfolgreiche Tricks vor, mit denen Sie Ihre grauen Zellen einer Fitnesskur unterziehen können. Der Ärger darüber, dass Sie sich Fremdwörter, Vokabeln, technischen Lernstoff oder Texte nicht merken können, gehört der Vergangenheit an, denn das nächste Kapitel (siehe Seite 102ff.) zeigt Ihnen verblüffend einfache Lernhilfen. Wenn Sie Probleme haben, sich Zahlen aller Art zu merken, finden Sie im achten Kapitel (siehe Seite 116ff.) eine effiziente Möglichkeit, Informationen wie Telefon- und Faxnummern, Postleitzahlen, Adressen, Geheimzahlen für Kredit- und Scheckkarten, Preise, Paragrafen, usw. für immer abzuspeichern. Konzentrationsfähigkeit und Entspannung kann man trainieren. Das folgende Kapitel (siehe Seite 134ff.) zeigt Ihnen, wie. Mit dem Crashkurs (siehe Seite 166ff.) schließlich sind Sie in der Lage, sich binnen zwei Wochen optimal auf eine Prüfung vorzubereiten.

Dazu verhilft Ihnen dieses Buch

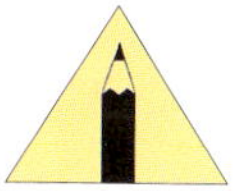

Glauben Sie nicht, dass dies ein Buch ist, das man bequem nebenbei lesen kann. Lernen heißt aktiv sein. Eine Erkenntnis, die dieses Buch nicht nur theoretisch vermitteln will, sondern auch praktisch umsetzt. So ist Ihre Mitarbeit an Stellen mit dem nebenstehenden Zeichen gefordert. Bewaffnen Sie sich deshalb mit einem Schreibgerät, und scheuen Sie sich nicht, es auch einzusetzen: Schreiben und zeichnen Sie bei den Übungen ins Buch, bei denen Sie dieses Zeichen sehen. Mit den im Buch beschriebenen Konsequenzen der Lern- und Gedächtnisforschung sind Sie in der Lage, für sich ein persönliches Lernkonzept zu entwickeln. Denn wenn Sie die Hintergründe der Informationsverarbeitung und -verankerung kennen, brauchen Sie den Lernerfolg nicht länger wie einen Lotteriegewinn hinzunehmen. Sie werden sehen, es ist ein wunderbares Gefühl, mit diesen Strategien in Schule oder Beruf, im Studium oder im Alltag erfolgreich zu sein.
In diesem Sinne wünsche ich Ihnen ein interessantes Durcharbeiten der Lektüre!

Arbeiten Sie aktiv in und mit diesem Buch. Kopieren Sie wenn nötig Seiten, und lösen Sie die gestellten Aufgaben direkt auf den entsprechenden Seiten.

LERNEN AUS DER SICHT DER WISSENSCHAFT

Lernen geht uns alle an. Spätestens mit dem Schlagwort vom »permanenten Lernen«, das eine laufende Anpassung an ständig veränderte Arbeitsplatzerfordernisse meinte, ist ins öffentliche Bewusstsein gerückt, dass »lebenslanges Lernen« in der modernen Welt für alle gilt. Mit ein paar einfachen Techniken, Tricks und Tips wird das, was wie ein notwendiges Übel klingt, zu Erfolgserlebnissen, die die Anstrengungen lohnen.

Lernen – ein komplexer Vorgang

Informationsverarbeitung

Zum Problem des Lernens sind in der Vergangenheit verschiedene Theorieansätze entwickelt worden, die zum Teil bereits 100 Jahre alt sind. Die Diskussionen sind dabei von unterschiedlicher Variationsbreite und Intensität. Die wissenschaftliche Landkarte lässt sich im historischen Überblick in vier Kategorien aufteilen:

Schon seit langer Zeit versucht man, hinter das Geheimnis des besseren Lernens zu kommen. Dabei wurden verschiedene theoretische Ansätze entwickelt.

Wissenschaftliche Ansätze zur Informationsverarbeitung

- Die alten behavioristischen (verhaltensorientierten) Theorien
- Die älteren kognitiven (erkenntnisorientierten) Theorien aus den zwanziger Jahren
- Die Formulierung vermittelnder Theorien aus der Zeit nach dem Zweiten Weltkrieg
- Der neue kognitive Ansatz der Informationsverarbeitung

Aus heutiger Sicht beschreiben Wissenschaftler das Lernen als einen Prozess der Informationsverarbeitung. Vier Fragen, die den Lernvorgang in seiner Gesamtheit beschreiben, bilden dabei den Ausgangspunkt: Warum interessieren mich Informationen? Wie werden Informationen aufgenommen und verarbeitet? Wie kann ich die Informationen zeitstabil im Gehirn speichern? Und wie kann man die verarbeiteten Informationen übertragen und anwenden? Diese Fragen stehen im Mittelpunkt der Informationsverarbeitung.

Jeder, der besser lernen will, muss sich mit diesen Fragen der Informationsverarbeitung auseinandersetzen.

Der heutige Informationsverarbeitungsansatz heißt zwar kognitiv, er beschreibt aber auch ausdrücklich das Problem der Gefühle im Zusammenhang mit dem Lernen.

Die Informationsverabeitung Erwachsener

Ein schlechtes Gedächtnis hat nichts mit dem Altern, sehr wohl aber etwas mit mangelndem Gedächtnistraining zu tun. Dagegen sollten Sie etwas unternehmen.

Viele von uns kennen den Spruch: »Mein Gott, mein Gedächtnis lässt nach, das muss wohl mit dem Alter zu tun haben.« Dieses verbreitete Sozialmärchen lässt sich durch Forschungsergebnisse widerlegen. Wissenschaftler bescheinigen, dass mit zunehmendem Alter die Lernfähigkeit nicht abnimmt! Das zeigen groß angelegte Untersuchungen über das Leistungsvermögen Erwachsener. Die Reserven an geistiger Leistungsfähigkeit haben sehr viel größere Ausmaße, als man bisher angenommen hat. Man weiß heute, dass der Glaube an die eigene Gedächtnisschwäche in unmittelbarem Zusammenhang mit nachlassendem Training steht. Mangelndes Training und nicht das Alter ist also für ein schlechteres Gedächtnis verantwortlich. Die einseitigen Tätigkeiten des Berufsalltages begünstigen diesen Trend.

- **Gedächtnisprobleme sind Trainingsprobleme.**

Hierbei treten Trainingsrückstände auf, die dann als Gedächtnisschwäche erlebt werden. Wenn nun diese Trainingsrückstände ausgeglichen werden, nimmt die Lern- und Gedächtnisfähigkeit keineswegs ab. Sie reicht sogar bis in das hohe Alter hinein! Beinahe jeder von uns kennt doch einen älteren Verwandten, der uns beim Ausfüllen eines Kreuzworträtsels weit überlegen ist. Bis heute gibt es keine verlässlichen Forschungsergebnisse, die eine Verschlechterung der Gedächtnisleistung allein mit der zunehmenden Lebensdauer belegen. Ausklammern muss man dabei selbstverständlich Krankheiten wie etwa Alzheimer, die das Gehirn erheblich schädigen können. Bei einem gesunden Menschen sind aber in der Regel Gedächtnisprobleme nichts anderes als Trainingsprobleme.

Was heißt eigentlich lernen?

Über eines muss man sich im Klaren sein: Wenn Sie ein Buch wie dieses lesen, lernen Sie nicht automatisch etwas. Ihren enttäuschten Gesichtsausdruck kann ich mir jetzt gut vorstellen. Aber es ist leider so. Sie können beim Lesen einer Lektüre (fast) nichts lernen. Leider ist die Vorstellung sehr verbreitet, dass man nur ein Buch zu lesen oder einen Vortrag zu besuchen braucht, um etwas zu lernen. Diesem Irrtum unterliegen übrigens nicht nur die Leser bzw. Hörer solcher Darbietungen, sondern meistens auch die Autoren und die Dozenten. Und hierzu gehören auch die Verfasser von Schul- und Sachbüchern, die Lehrer an Schulen und die Dozenten bzw. Professoren an Universitäten. Alle diese Leute meinen, die Lehrtätigkeit in Schriftstücken oder Vorträgen abwickeln zu können.

Zwischen bloßem Verstehen und Lernen besteht ein großer Unterschied. Das (passive) Verstehen ist der erste Schritt zum (aktiven) Lernen.

Allein durch das Lesen eines Buches können Sie noch nichts lernen.

Wenn ich mich einigermaßen gut ausdrücken kann, wenn es mir gelingt, durch Beispiele bestimmte Sachverhalte gut darzustellen, und wenn die Zeichnungen das Geschriebene gut veranschaulichen, können Sie bestenfalls etwas *verstehen.* Lernen können Sie dabei aber nur sehr wenig. Doch etwas zu verstehen ist ja immerhin auch schon etwas. Man muss nur wissen: Wenn man etwas verstanden hat, ist es noch nicht gelernt worden.

Auch wenn es noch so ein gelehrtes Buch ist: Allein durch Lesen lernen Sie noch nichts.

Sie kennen diesen Vorgang bereits, ohne sich jemals Gedanken darüber gemacht zu haben. Wenn Sie sich z. B. auf eine Prüfung vorbereiten, nehmen Sie sich Ihr Fachbuch oder Ihr Manuskript vor und fangen an zu lesen. Angenommen, Sie haben das erste Kapitel verstanden, fangen Sie gleich mit dem nächsten an. Ist auch das bearbeitet, beginnen Sie mit dem folgenden usw. Nachdem Sie aber mehrere Kapitel gelesen haben, fallen Ihnen nur noch die wenigsten Informationen aus den vorhergehenden ein. Die Informationen wurden nicht gelernt. Diese aufnehmende Tätigkeit führt im günstigsten Fall zu einer kurzfristigen Speicherung der Informationen. Aus Sicht der Informationsverarbeitung ist der Prozess des Lernens jedoch auf halber Strecke abgebrochen worden.
Professor Döring vom Institut für Kommunikationswissenschaften an der Technischen Universität Berlin vergleicht diesen Vorgang mit der menschlichen Atmung. Informationen, wie man sie beim Lesen oder Zuhören aufnimmt, werden nach diesem Modell nur »eingeatmet«. Lernen beginnt jedoch erst dann, wenn die aufgenommenen Informationen wieder »ausgeatmet«, also wiederholt oder angewandt werden, damit der Prozess der Informationsverarbeitung abgeschlossen wird.

Lernen heißt ein- und ausatmen

Lernen ist Aktivität, ist das Wiederholen, das Vertiefen und Anwenden der neugelernten Informationen.

Bei den einseitigen Tätigkeiten wie Lesen oder Zuhören atmet man die Information also nur ein. Denken Sie von nun an immer daran. Versuchen Sie doch einmal, die Luft nur einzuatmen. Sie werden merken, dass Sie das nicht lange schaffen. Um die »Lernatmung« zu optimieren, ist es notwendig, die Informationen entsprechend weiterzuverarbeiten – also auszuatmen. Und hier liegt der Schlüssel zum besseren Lernen.
Nehmen wir beispielsweise einen Bäckerlehrling, der einen Kuchenteig herstellen soll. Hierbei reicht es nicht, dass er die Rezeptur von seinem Meister erfährt oder sie aus einem Fachbuch abliest. Er lernt es, weil er selbst die Zutaten anrührt, den Teig knetet und danach in den Backofen schiebt. Berufliches Lernen ist nämlich in einem hohen Maß nicht nur zuhören, sondern auch tätig werden! Der Lernbegriff steht aus der Sicht der Informationsverarbeitung im unmittelbaren Zusammenhang mit Aktivität.

Aktivität ist angesagt

Jeder Mensch lernt anders, doch jeder muss sich neues Wissen aneignen. Nehmen Sie Ihre Informationsverarbeitung selbst in die Hand, und lernen Sie, wie Sie persönlich besser lernen.

Nehmen wir den jetzigen Augenblick, da Sie dieses Buch lesen. Vielleicht liegen Sie im Bett oder sitzen in einem Warteraum. Möglicherweise reisen Sie gerade im Zug oder sitzen an Ihrem Schreibtisch. Mit aktiv sein hat das jedenfalls nichts zu tun! Sie machen sich vielleicht Ihre Gedanken und sind einigermaßen aufmerksam. Wenn Sie gut sind, haben Sie sich einige Textstellen markiert. Aber das sind keine wirklichen Aktivitäten. Stellen Sie sich einmal vor, ich würde Ihnen einen Vortrag über das Segeln halten. Sie passen dabei gut auf und verstehen auch alles prima. Man könnte dann behaupten, Sie hätten segeln gelernt. Würden Sie sich danach allein auf ein Segelboot begeben und auf große Fahrt gehen?
Mit diesem Beispiel will ich Ihnen zeigen, dass Lernen etwas mit der persönlichen Gestaltung der Informationsverarbeitung zu tun hat. Und dabei lässt sich immer wieder feststellen, was für ein eigenartiges Wesen der Mensch ist. Zum einen ist er auf das Lernen zur erfolgreichen Lebensbewältigung in Schule, Studium oder Beruf dringend angewiesen. Andererseits legt der Mensch eine störrische Abneigung an den Tag, sein Verhalten nach dieser Einsicht auszurichten und neue Wege zu beschreiten; schließlich ist er ein Gewohnheitstier. Die Schwierigkeit, das eigene Verhalten zu ändern, kennt jeder, der einmal versucht hat, einige Pfunde abzuspecken oder sich das Rauchen abzugewöhnen. Und genauso ist es beim Lernen. Vergessen Sie also niemals, wenn Sie ein Buch lesen oder einen Vortrag besuchen: Lernen können Sie dadurch nichts! Nur wenn Sie den ersten kleinen Schritt zum aktiven Lernen selbst machen, wird sich die Frage »Besser lernen – aber wie ?« für Sie beantworten.

- **Lernen heißt aktiv sein.**

Mit Hilfe der nächsten Kapitel haben Sie nun die Möglichkeit, Schritt für Schritt Ihre »Lernatmung« so zu verbessern, dass sie genug Luft und Ausdauer haben, um Lernprobleme leichter bewältigen zu können. Die in Kapitel 7 vorgestellte Lernmaschine wird Sie in die Lage versetzen, Lernpensum und Lernintensität so zu strukturieren, dass Sie dabei zusehen können, wie sich der gelernte Stoff immer mehr vergrößert. Bevor Sie nun den nächsten Abschnitt lesen, bearbeiten Sie bitte die folgende kleine Aufgabe. Ziel dieser Übung ist es, dass Sie bestimmten Konsonanten eine bestimmte Zahl zuordnen. Auch wenn Ihnen im Augenblick diese Übung etwas sonderbar erscheinen mag, sie wird Ihnen noch sehr hilfreich sein.

1. Aufgabe

Der Zahlen-Buchstaben-Kode ordnet einer Zahl zwischen 0 und 9 bestimmte Konsonanten bzw. Laute zu. Vokale dienen bei dieser Methode als Füllzeichen.

Sie sollen sich merken, dass die Zahl 0 den Konsonanten s, ß und ss entspricht. Oder mathematisch ausgedrückt:

s, ss, ß = 0   bzw.   0 = s, ss, ß

Es spielt dabei keine Rolle, ob die Buchstaben groß- oder kleingeschrieben werden. Damit Sie sich diesen Laut-Zahlen-Zusammenhang besser einprägen können, habe ich Ihnen nachfolgend zwei Eselsbrücken in die ersten beiden Kästchen eingetragen. Für die restlichen Kästchen sollen Sie sich weitere Zusammenhänge überlegen, wie man sich diese Zuordnung merken kann. Zeichnen oder schreiben Sie Ihre Ideen in die übrigen Kästchen. Wenn Ihnen kein weiterer Zusammenhang einfällt, dürfen Sie auf Seite 184 nachschlagen und sich meine Vorschläge ansehen.
Denken Sie daran: Bei dieser Aufgabe sind Ihre Phantasie und Erfindungsgabe gefordert. Alle Überlegungen sind erlaubt. Sie können also zeichnen, skizzieren oder schreiben. Nehmen Sie also Ihren Stift zur Hand, und los geht's!

Beispiel 1

0	*Zero*

Der Buchstabe »Z« wird wie ein »s« ausgesprochen. Das Wort Zero ist die englische Bezeichnung für »0«. Der Zusammenhang wird deutlich.

Beispiel 2

0	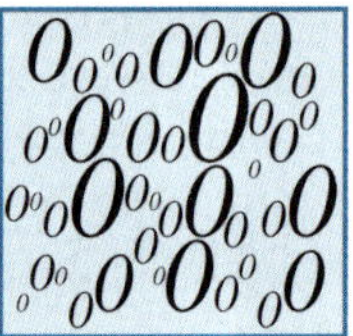

Stellen Sie sich vor, dass die Tropfen eines Regenschauers aus Nullen bestehen. Im Wort »Wasser« befindet sich zweimal der Buchstabe »s«.

Ihre Idee Nr. 1

0

Ihre Idee Nr. 2

0

Haben Sie eigene Zuordnungen gefunden? Gut! Bitte denken Sie von nun an immer daran, dass die Zahl 0 zum Buchstaben »s« bzw. »ss« und »ß« gehört. Und nun können Sie sicher auch den nachfolgenden Text entschlüsseln.

Lernen i0t die dauerhafte 0peicherung von Wi00en. 0ie wi00en jetzt, da0 0ie 0ehr aktiv 0ein mü00en, wenn 0ie be00er lernen wollen!

Nur wenn Ihnen wirklich kein weiteres Beispiel einfällt, sollten Sie die Eselsbrücken anschauen, die ich noch gefunden habe. Sie finden sie auf Seite 184.

Zusammenfassung

- Besser lernen heißt, sich mit den Fragen der Informationsverarbeitung auseinanderzusetzen, und zwar:
  - Warum interessiert sich der Mensch für bestimmte Informationen?
  - Wie werden Informationen aufgenommen und verarbeitet?
  - Wie werden Informationen dauerhaft im Gehirn gespeichert?
  - Wie werden gespeicherte Informationen auf andere Gebiete übertragen und angewandt?
- Gedächtnisprobleme haben in den seltesten Fällen mit Altersschwäche zu tun. Gedächtnisleistung hängt überwiegend vom Training ab.
- Erfolgreiches Lernen setzt Aktivität voraus. Informationen müssen dabei »ein«- und »ausgeatmet« werden.
- Bitte nicht vergessen: s, ss, ß = 0 bzw. 0 = s, ss, ß

»BEDIENUNGS-ANLEITUNG« FÜRS GEHIRN

Besseres und aktiveres Lernen setzt voraus, dass man über die Funktion des Organs, das für den Lernvorgang verantwortlich ist, genauere Kenntnis hat. Es ist verblüffend, was die moderne Verhaltens- und Gehirnforschung über die Funktionsweise dieses einzigartigen Organs herausgefunden hat. Was das für das Lernen bedeutet, erfahren Sie im folgenden Kapitel.

Was die Forscher berichten

Wie arbeitet das Gehirn beim Lernen?

Tatsache ist, dass die Gehirnorganisation, also der Aufbau des Gehirns und die Abläufe seiner Tätigkeiten, extreme Auswirkungen auf die Lerntätigkeit hat. Man weiß heute, dass die Gehirnstruktur jedes Menschen einzigartig ist. Von den ca. sechs Milliarden Menschen auf dieser Erde gibt es nicht zwei, die genau dieselbe Gehirnarchitektur haben. Jeder Mensch ist also auch in Bezug auf sein Gehirn ein absolutes Individuum. Das gibt der Idee der Renaissance, dass der Mensch ein individuelles Wesen ist, eine biologische Grundlage.

Abgesehen von den grundlegenden Strukturen der Gehirnorganisation, also beispielsweise der Aufgabenteilung der beiden Gehirnhälften, hat jeder Mensch einen individuellen Gehirnaufbau.

- **Besser lernen heißt neue Wege gehen.**

Diese Erkenntnis hat nicht zuletzt auch für das Lernen Bedeutung, denn jeder Mensch, also auch Sie, muss seine eigene, individuelle Lernstrategie entwickeln. Und das Wissen über den Aufbau des Gehirns wird Ihnen dabei helfen, neue Wege zum besseren Lernen zu beschreiten.

Die beiden Orientierungen des Gehirns

Neuesten Forschungsergebnissen zufolge wird das Gehirn in zwei Bereiche aufgeteilt. Man spricht dabei von einer zeitlichen und einer örtlichen Orientierung des Gehirns. Beide Orientierungen haben unmittelbare Konsequenzen für die Ausgestaltung persönlicher Lernstrategien und für die Anwendung bestimmter Lerntechniken. Denn wer die Hintergründe der biologischen Gedächtnis- und Gehirnstruktur kennt, braucht den Lernerfolg nicht länger wie einen Lotteriegewinn hinzunehmen. Vielmehr können Sie ihn planen, trainieren und sich darauf verlassen, dass Sie in den entscheidenden Situationen erfolgreich auf Ihr Wissen zurückgreifen können.
Übrigens: Erinnern Sie sich noch? s = ? bzw. ss, ß = ?

Die zeitliche Orientierung des Gehirns

Die Erkenntnisse über die zeitliche Orientierung des Gehirns basieren im Wesentlichen auf den Forschungsergebnissen des Biochemikers und mehrfachen Preisträgers Frederic Vester. Er fand heraus, dass vom Menschen aufgenommene Informationen mehrere Gedächtnisspeicher durchlaufen. Vester unterscheidet hierbei drei zeitliche Stufen:

1. Stufe: Ultrakurzzeitgedächtnis
2. Stufe: Kurzzeitgedächtnis
3. Stufe: Langzeitgedächtnis

Das Ultrakurzzeitgedächtnis

Das Ultrakurzzeitgedächtnis ist die erste Hürde, die Informationen nehmen müssen, wenn sie den Wissensbestand dauerhaft ergänzen sollen. Was Sie nach 20 Sekunden noch wissen, hat den Sprung über diese Hürde geschafft.

Beim Ultrakurzzeitgedächtnis (auch sensorischer Speicher genannt) wird eine ankommende Information (etwas Gesehenes, Gehörtes oder Gefühltes) im Gehirn in elektrische Schwingungen umgewandelt, die dort zwischen 0,1 und 20 Sekunden verweilen. Nach Ablauf dieser Zeit gibt es nun zwei Möglichkeiten: Entweder klingt die Schwingung wieder ab und geht damit für immer verloren, oder die Information wird an den nächsten Gedächtnisspeicher, das Kurzzeitgedächtnis, weitergegeben.

Können Sie sich vorstellen, warum die Natur diese Funktion quasi an den Eingang des Gedächtnisses gesetzt hat? Versetzen Sie sich in die Situation Ihrer ersten Fahrstunde. Erinnern Sie sich? Sie mussten Acht geben, dass Sie solche Vorgänge wie Schalten, Gas geben, Kuppeln, auf Verkehrszeichen achten usw. nicht durcheinander bringen. Außerdem waren Sie irrsinnig aufgeregt und haben Blut und Wasser geschwitzt. Und heute? Heute ist für Sie das Autofahren zur Selbstverständlichkeit geworden. Sie können sich dabei unterhalten oder an die verschiedensten Sachen denken. Grund für diese scheinbare Routine ist das Ultrakurzzeitgedächtnis! Es filtert nämlich die nicht merkenswerten Vorgänge des Autofahrens aus dem Gedächtnis. In der ersten Fahrstunde ist das nicht der Fall. Aufgrund der neuen Situation werden dort alle neuen Informationen über das Autofahren, auch wenn sie kürzer als 20 Sekunden dauern, vom Ultrakurzzeitgedächtnis für derart wichtig befunden, dass sie sofort in das Kurzzeitgedächtnis weitergeleitet und verarbeitet werden. Dazu kommen noch besondere chemische Vorgänge im Körper wie ein erhöhter Ausstoß an Adrenalin und Noradrenalin, die das typische Kribbeln in der Magengegend erzeugen. Beim routinemäßigen Autofahren werden alle Aktionen, die nicht länger als 20 Sekunden dauern und nicht für merkenswert befunden werden, aus dem Gedächtnis gelöscht. Unser Gehirn wird somit nicht mit überflüssigen Informationen belastet. Stellen Sie sich einmal vor, Sie könnten sich noch an alle bisher gefahrenen Autokilometer im Detail erinnern. Oder welchen Sinn hätte es, wenn das Gehirn sämtliche Straßengeräusche für immer abspeichern würde?

Wie durch ein Sieb fallen als unwichtig eingestufte Informationen durch den Filter des Ultrakurzzeitgedächtnisses. Verknüpfen Sie daher neue Informationen mit Gefühlen, bekanntem Wissen und anderen Gedächtnisankern.

Das Ultrakurzzeitgedächtnis ist ein Filter für Wahrnehmungen, der uns vor überflüssigen Informationen schützt.

Sie müssen also, damit die zu lernenden Informationen nicht herausgefiltert werden, geeignete Strategien anwenden, um das Ultrakurzzeitgedächtnis zu überwinden. Durch den ersten Gedächtnisfilter werden nur die Informationen durchgelassen, die als bedeutsam identifiziert wurden. Beladen Sie deshalb, wann immer Sie etwas Neues lernen, die Information mit Sinn und Bedeutsamkeit. Regen Sie sich mehr auf beim Lernen! Nur dann kann der erste Filter überwunden werden. Damit zukünftig beim Lernen die Informationen nicht an Ihnen vorbeigehen wie Straßengeräusche, halten wir die wichtigsten Punkte zum Ultrakurzzeitgedächtnis noch einmal fest.

Merkmale des Ultrakurzzeitgedächtnisses

- Sie müssen sich länger als 20 Sekunden mit dem Lernstoff beschäftigen, damit die Information zum Kurzzeitgedächtnis weitergeleitet, also gelernt wird und nicht verloren geht.
- Das Ultrakurzzeitgedächtnis dient als »Torwächter«, um das Gehirn nicht mit überflüssigen Informationen zu belasten.
- Informationen müssen daher mit Sinn behaftet oder mit einer Gefühlsregung verknüpft werden. Regen Sie sich mehr auf!
- Weiterhin vernachlässigt das Ultrakurzzeitgedächtnis automatisierte Abläufe wie etwa Autofahren.

2. Aufgabe

Trauen Sie sich ruhig, außergewöhnliche Beispiele für die Kodierung derBuchstaben »T« beziehungsweise »D« zu nennen und auch zu zeichnen.

Wollen Sie die Überwindung des Ultrakurzzeitgedächtnisses nicht am besten gleich an einer kleinen Aufgabe ausprobieren? Sie wird Ihnen auch deshalb keine Schwierigkeiten bereiten, weil Sie diese Art von Aufgabe bereits kennen. Sie sollen sich nun einprägen, dass die etwa gleich klingenden Konsonanten »d« und »t« für die Zahl 1 stehen (Wissen Sie übrigens noch: ss, ß, s = ?). Die Vorgehensweise ist die gleiche wie bei der 1. Aufgabe. Schauen Sie sich meine Ideen an, und finden Sie dann eigene Eselsbrücken, um sich die Laut-Zahlen-Zuordnung zu merken. Also viel Spaß dabei!

Beispiel 1

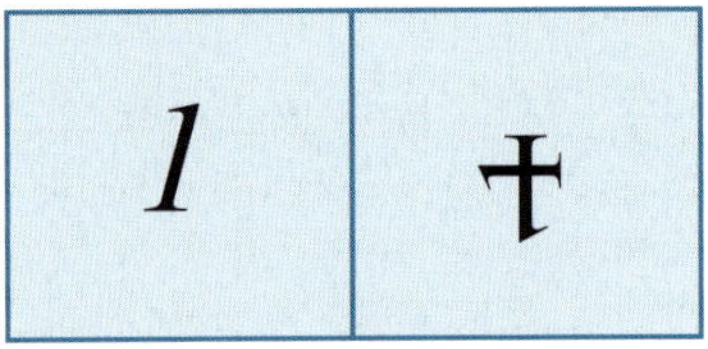

Mit ein wenig Phantasie lässt sich das kleine »t« aus zwei Einsen konstruieren. Der Zusammenhang wird so ganz deutlich.

Beispiel 2

Ein umgekipptes großes »D« kann man sich als ein rundes Dach vorstellen. Im Wort »Runddach« kommt der Buchstabe »d« zweimal vor.

Ihre Idee Nr. 1

1	

Ihre Idee Nr. 2

1	

Wellen, da0 0ie e0 ge0chaffl haben? Meine Ileen können 0ie auf 0eile 184 nach0chlagen.

Wenn Sie an der 2. Aufgabe länger als 20 Minuten gearbeitet haben, ist die Wahrscheinlichkeit groß, dass die Zuordnung »t = 1« und »d = 1« bereits in das Langzeitgedächtnis übergegangen ist und dort für immer verankert wurde. Diese Information hat dann nämlich sogar schon das Kurzzeitgedächtnis überwunden.

Das Kurzzeitgedächtnis

Dieser Gedächtnisspeicher hat genau wie sein kleinerer Partner, das Ultrakurzzeitgedächtnis, die Aufgabe, überflüssige und nicht mehr benötigte Informationen aus dem Gedächtnis zu löschen. Die wesentlichen Unterschiede sind dabei folgende:

Haben die Informationen das Stadium der elektronischen Schwingungen im Ultrakurzzeitgedächtnis überwunden, stellt sich das Kurzzeitgedächtnis als nächste Hürde des Vergessens in den Weg.

Merkmale des Kurzzeitgedächtnisses

- Die Informationen zirkulieren nicht als elektrische Schwingungen, sondern werden über chemische Prozesse im Gehirn gespeichert.
- Die Informationsspeicherung klingt nach ca. 20 Minuten ab, wenn nicht der Lerninhalt als wichtig angesehen wird oder innerhalb dieser Zeitspanne wiederholt wird.

Wieso schaltet das Gehirn diesen zweiten Filter vor das Langzeitgedächtnis? Ganz einfach: Man braucht ihn, um nur kurzfristig benötigte Informationen behalten zu können. Wenn Sie z. B. einen Zahnarzttermin haben, genügt es, diese Information nur so lange zu speichern, bis Sie den Termin wahrgenommen haben. Bemerkenswert ist übrigens, dass Zahnarzttermine meistens nicht vergessen werden (man verschiebt sie höchstens absichtlich), weil damit unangenehme, ja oft schmerzhafte Erfahrungen assoziiert werden.
Da für den erfolgreichen Lernprozess eine dauerhafte Speicherung im Langzeitgedächtnis notwendig ist, müssen Sie Ihre Lerntechniken nach dem Kurzzeitgedächtnis ausrichten. Es genügt also nicht, wenn Sie beispielsweise eine Vokabel innerhalb einer Zeitspanne von zehn Minuten fünfmal ansehen. Die Vokabel muss so lange wiederholt werden, bis sie im Langzeitgedächtnis fest und zeitstabil verankert wurde. Erst dann ist sie gelernt!

Das Langzeitgedächtnis

Erfolgreich gelernt sind die Informationen, wenn sie dauerhaft im Langzeitgedächtnis verankert sind und dort wieder nach Bedarf abgerufen werden können.

Damit Informationen in das Langzeitgedächtnis gelangen, ist es also notwendig, die beiden Wahrnehmungsfilter Ultrakurzzeit- und Kurzzeitgedächtnis zu überwinden. Im Langzeitgedächtnis werden sie in Form von chemischen Molekülen verarbeitet. Die Gedächtnisforscher sprechen dann von Gedächtnisspuren. Man kann das mit der Spurrille einer Schallplatte vergleichen, auf der sich das komplette Lied befindet und jederzeit abgespielt werden kann.

Das Wiederholen von Lerninhalten muss so strukturiert werden, dass die Informationen fest im Langzeitgedächtnis gespeichert werden.

Wenn Sie so wollen, besteht das Langzeitgedächtnis aus einer riesigen Musikbox mit unzähligen verschiedenen Titeln. Beim Lernen ist es nun Ihre Aufgabe, neue »Lieder« (also neue Informationen) in die Musikbox einzuordnen. Doch damit nicht genug. Denn wenn Sie ein bestimmtes Lied, also eine bestimmte Information abrufen müssen, dann besteht das große Problem darin, die Information wiederzufinden! Wie kann man nun neue Lerninhalte so abspeichern, dass man die dazugehörige Gedächtnisspur wiederfindet, sich also wieder daran erinnert? Denken Sie einmal an eine sogenannte Zufallserinnerung. Durch ein bestimmtes auslösendes Moment (ein Geruch oder ein Geräusch) fallen einem plötzlich Dinge ein, die man längst vergessen glaubte. Informationen werden nicht nur bewusst (= sofort abrufbar), sondern auch unterbewusst (= nicht sofort abrufbar) im Langzeitgedächtnis aufbewahrt. Man weiß heute, dass das Auffinden einer Information davon abhängt, inwieweit Verbindungen zwischen den zu lernenden Informationen und dem bereits vorhandenen Wissen hergestellt werden können. Dabei gilt: Je mehr Verbindungen oder Assoziationsmöglichkeiten sich mit dem neuen Lerninhalt verknüpfen lassen, desto schneller kann die Information abgerufen werden. Gelernte Informationen kann man also durch Verknüpfen mit bereits bekanntem Wissen schneller wiederfinden!

Stopp! d = ?
? = 0
T = ?

3. Aufgabe

Und nun die nächste Zuordnung. Bitte vergessen Sie ab heute niemals, die Zahl 2 mit dem Buchstaben »n« zu verbinden.

2 = n bzw. n = 2

Denken Sie beim Ausfüllen der Kästchen daran, wie sich Ultrakurzzeit-, Kurzzeit- und Langzeitgedächtnis verhalten.

Lassen Sie sich beim Bearbeiten der Aufgabe ruhig etwas Zeit. Sie wissen inzwischen: Je länger Sie daran arbeiten, desto größer ist die Chance, dass sich das Wissen im Gedächtnis hält.

Beispiel 1

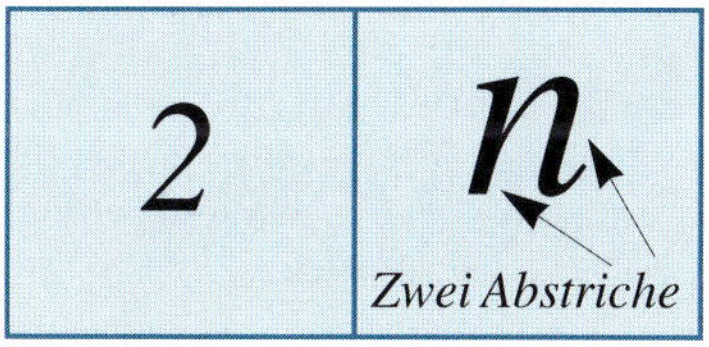

Stellen Sie sich ein lang gezogenes »n« vor. Der Buchstabe steht auf zwei Beinen bzw. hat zwei Abstriche.

Beispiel 2

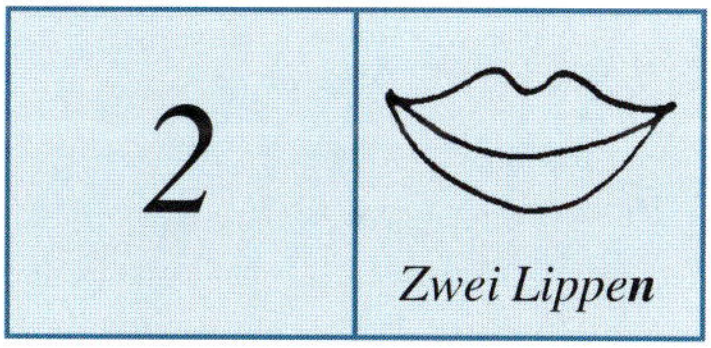

Jeder Mensch hat zwei Lippen. Im Wort »Lippen« ist der letzte Buchstabe ein »n«.

Ihre Idee Nr. 1

Ihre Idee Nr. 2

Ko221e2 0ie eige2e Bei0piele fi21e2? – 0ehr gul.

Alle Konsequenzen aus der zeitlichen Orientierung des Gehirns haben für die Lerngestaltung und -techniken nur dann Sinn, wenn Sie Ihre persönliche Informationsverarbeitung danach ausrichten!

Die örtliche Orientierung des Gehirns

Der Versuch an Epilepsiekranken hat es gezeigt: Je eine Gehirnhälfte mit ihren Bearbeitungszentren ist für bestimmte Aufgaben hauptverantwortlich.

Unsere Gehirnmasse besteht im Wesentlichen aus zwei etwa gleich großen Gehirnlappen (Hemisphären), die über einen dicken Strang aus Nervenfasern, das sogenannte Corpus callosum oder Balken, miteinander verbunden sind. Sensationelle Forschungsergebnisse des Neurophysiologen Roger Sperry haben gezeigt, dass Bereiche auf jedem dieser Gehirnlappen für bestimmte Wahrnehmungs- bzw. Aufgabenbereiche des Menschen hauptverantwortlich sind. Für diese Erkenntnisse, die er bei der Behandlung von Epilepsiepatienten entdeckte, erhielt er 1981 den Nobelpreis für Medizin.

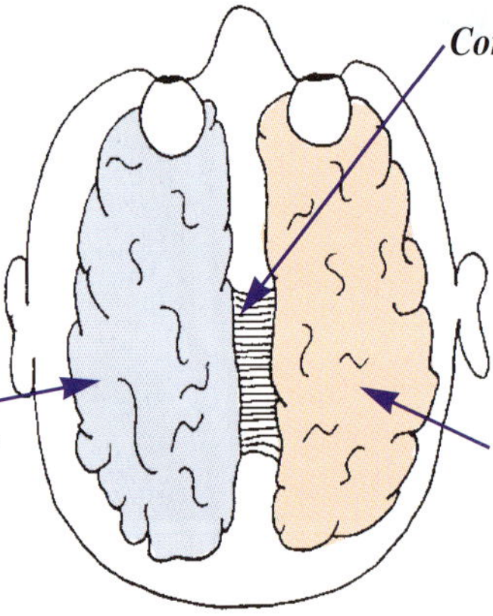

Das Gehirn mit seinen beiden Gehirnlappen oder Hemisphären. (Die Skizze zeigt den menschlichen Kopf von oben.)

Um die Krankheit Epilepsie zu beheben, durchtrennte Sperry bei den Patienten operativ den Balken und machte dabei folgende Entdeckung: Die linke Gehirnhälfte war der rechten bei räumlichen Anschauungen, musikalischen Erlebnissen und zeichnerischen Darstellungen weit unterlegen. Bei der rechten Hemisphäre zeigten sich dafür erhebliche Schwächen bei sprachlichen Aufgaben, mathematischen Problemen und beim Nennen von Begriffen.

Außerdem hat Sperry mit seinen Versuchen gezeigt, dass jede Gehirnhälfte die jeweils gegenüberliegende Feinmotorik des Körpers steuert. Diesen Effekt kann man bei Schlaganfallpatienten beobachten. Wenn z. B. die linke Gehirnhälfte durch ein Blutgerinnsel oder eine verstopfte Ader beschädigt wird, treten erhebliche Lähmungserscheinungen der rechten Körperhälfte auf. Außerdem ist das Sprachzentrum derart beschädigt, dass der Patient die Sprache fast komplett neu lernen muss. Wird dagegen die rechte Gehirnseite beschädigt, kommt es zu Lähmungserscheinungen in der linken Körperhälfte. Die Sprache bleib jedoch intakt.

Die Gehirnforscher haben herausgefunden, dass die einzelnen Wahrnehmungen und Aufgaben in einer ganz bestimmten Gehirnhälfte überwiegend verarbeitet werden. Das nachstehende Bild veranschaulicht diese Einteilung.

Meist sind mehrere Gehirnregionen an einem Funktionsablauf beteiligt. Fällt eine Region aus, können die Aufgaben dieses Teils des Gehirns meist von anderen Regionen mit übernommen werden.

Die schematische Darstellung der beiden Gehirnhälften und ihre dominierenden Zuständigkeitsbereiche.

Jetzt sind Sie sicher schon ganz gespannt darauf, welche Auswirkungen diese Erkenntnisse über die örtliche Orientierung des Gehirns, d.h. über die Aufgabenteilung der Gehirnhälften, auf das Lernen haben und zu welchen dramatischen Veränderungen Sperrys Behandlungen bei seinen Patienten führten.

Jede Gehirnhälfte hat eigene Hauptaufgabenbereiche.

Durch elektrische Reize, die direkt ins Gehirn geleitet wurden, konnten bei Katzen bestimmte Reaktionen hervorgerufen werden, je nachdem, in welchem Bereich das Gehirn stimuliert wurde.

Bevor Sie jedoch weiterlesen, sollen Sie sich eine weitere Zuordnung merken und Ihre dazugehörigen Ideen in die Kästchen schreiben bzw. einzeichnen.

4. Aufgabe

Wir ordnen zu: 3 = m bzw. m = 3

Beispiel 1

Wenn Sie sich den Buchstaben lang gezogen vorstellen, können Sie drei Abstriche erkennen.

Beispiel 2

Die Seiten einer Pyramide bestehen aus Dreiecken. Im Wort »Pyramide« befindet sich ein »m«.

Ihre Idee Nr. 1

Ihre Idee Nr. 2

Sie haben bis jetzt gelernt: 0 = ?, 1 = ?, 2 = ?, 3 = ?

Auch we22 0ie je1z1 wei1erle0e2, oh2e 1ie Aufgabe ko3ple11 gelö01 zu habe2, I33er 1ara2 1e2ke2, 1a0 »3« 1e3 Buch01abe2 »3« e210prich1!

Die Funktionen der beiden Gehirnhälften

Beide Gehirnhälften sind gemeinsam für die Steuerung der Motorik, der Sprache und des Gedächtnisses verantwortlich. Sie ergänzen sich dabei auf ideale Weise. Versuchen Sie deshalb, beim Lernen immer beide Hemisphären mit einzubeziehen.

Kann ein Informationsaustausch zwischen den Gehirnhälften nicht stattfinden, führt das zu dramatischen Veränderungen bei der Informationsverarbeitung. Sperrys Patienten (bei denen der Informationsaustausch über den Balken künstlich unterbrochen wurde) verhielten sich wie folgt: Gab man dem Patienten eine Gabel in die rechte Hand, ohne dass dieser sie sah, konnte er das Wort »Gabel« aussprechen. Die ertastete Information war ja in die linke Gehirnhälfte gelangt, die für die Sprache verantwortlich ist. Gab man nun dem gleichen Patienten einen Löffel in die linke Hand – die Information wird jetzt in der rechten Gehirnhälfte verarbeitet –, konnte der Gegenstand weder ausgesprochen noch beschrieben werden. Dieser Gehirnbereich ist ja nicht für die Sprache zuständig. Allerdings konnte der Patient den Löffel auf einer Bildertafel wiedererkennen und darauf zeigen. Auch wenn der Patient das Wort »Löffel« nicht aussprechen konnte, so wusste er doch, was er mit der linken Hand fühlte.

»Zum Glück ist bei einem gesunden Menschen der Balken nicht unterbrochen«, werden Sie sich vielleicht denken. In der Tat sind an der Bewältigung geistiger Aufgaben immer beide Gehirnhälften beteiligt. Leider ist es so, dass beim Lernen die rechte Gehirnseite unbewusst einfach abgeschaltet wird. Das hat vor allem historische und entwicklungpsychologische Ursachen. Hier einige Beispiele:

- Schulunterricht, Vorlesungen an Universitäten, Vorträge in Seminaren usw. werden im sogenannten Frontalunterricht oft nach dem Prinzip einer jahrhundertealten »Predigt« abgewickelt. Das kirchliche Obrigkeitsdenken ist dabei von den Veranstaltern unbewusst übernommen worden. Das Abspulen von linear vorgetragenen Informationen führt zu einer einseitigen Gehirntätigkeit (linke Gehirnhälfte). Die Informationen werden nur »eingeatmet«.

Es gilt, die Rechtslastigkeit, also die linear-rationale Struktur der Wissensvermittlung um den Funktionsschwerpunkt der anderen Gehirnhälfte zu erweitern.

- Die geistige »Schlagseite« wird durch gesellschaftliche Normen gefördert. So muss man zur Begrüßung immer die rechte Hand reichen. Bei doppelseitigen Türen befindet sich der Eingang meistens rechts. Die Verkehrsregel »rechts vor links« gewährt der linken Gehirnhälfte Vorfahrt usw.
- Im Schulsystem wird linkslastigen Fächern wie Mathematik, Physik, Deutsch oder Englisch mehr Bedeutung beigemessen (sprich: sie werden höher bewertet) als den Fächern, die überwiegend von der rechten Gehirnseite verarbeitet werden (z.B. Musik, Kunst oder Werken).

Die Linkslastigkeit eines Menschen wird besonders deutlich, wenn man beispielsweise jemanden nach dem Weg zur nächsten Apotheke fragt. Antworten wie die folgende sind Ihnen bestimmt bekannt: »Um zu der Apotheke zu gelangen, fahren Sie bis zur nächsten Kreuzung

Linkslastige Fächer wie Mathematik oder Physik haben schon in der Schule einen höheren Stellenwert.

und biegen links ab. Dann fahren Sie bis zur nächsten Ampel und biegen rechts ab. Dann ca. 40 Meter immer geradeaus, bis Sie die nächste Kreuzung erreichen. Nun wieder rechts, dann die nächste links bis zur abknickenden Vorfahrtsstraße. Dann wieder rechts bis zur übernächsten Kreuzung und dann links und dann rechts ... und dann ... und dann ...« Hilfe!!!

Spätestens nach der zweiten Kreuzung hätte man den nächsten Passanten fragen müssen. Da wäre es einfacher gewesen, wenn der Gefragte geantwortet hätte: »Sehen Sie dort hinten den Kirchturm? Dort liegt auch der Marktplatz, an dem sich auch die Apotheke befindet. Sie brauchen nur in diese Richtung zu fahren.«

Lernen und die beiden Gehirnhälften

Jeder ist von Kind auf mit dem einseitigen Training der linken Gehirnhälfte aufgewachsen. Dass man dann auch sein eigenes Lernverhalten danach ausrichtet, liegt auf der Hand. Nur wenn beide Gehirnhälften in den Lernprozeß mit einbezogen werden, ist eine wirkungsvollere Informationsverarbeitung (= erfolgreicheres Lernen) möglich. Als eindruckvolles Beispiel sei an dieser Stelle Leonardo da Vinci erwähnt. Er war nicht nur ein hervorragender Maler, sondern auch ein genialer Konstrukteur. Vielleicht haben Sie einmal Gelegenheit, eine Konstruktionszeichnung von ihm zu sehen. Sie werden überrascht sein, mit welcher Perfektion diese Zeichnungen angefertigt wurden.

Trainieren Sie gezielt die Bereiche, die vorwiegend in Verantwortung der rechten Gehirnhälfte bearbeitet werden. Versuchen Sie also beispielsweise, assoziativ zu denken und Ihre Gefühle mit anzusprechen.

Es ist wichtig, beim Lernprozess beide Gehirnhälften zu trainieren.

Für das bessere Lernen ergeben sich somit folgende Konsequenzen, die Sie (falls Sie es nicht schon tun) von nun an für Ihre eigene Lerntätigkeit immer berücksichtigen sollten:

- Jede Gehirnhälfte verarbeitet Informationen, die in den jeweiligen Zuständigkeitsbereich gehören. Man kann eine Hälfte nicht isoliert – jede für sich – arbeiten lassen (die Hemisphären sind über den Balken miteinander verbunden).

- Eine optimale Verarbeitung von Lerninhalten kann nur dann erfolgen, wenn sie von beiden Gehirnhälften durchgeführt wird. Das bedeutet:

▸ Zeichnen Sie so viel wie möglich.

▸ Verwenden Sie unterschiedliche Farben.

▸ Erklären Sie anderen Personen fachliche Zusammenhänge, auch wenn diese keine Ahnung von diesem Fachgebiet haben (die Rückfragen dazu zeigen Ihnen, ob Sie einen Sachverhalt auch wirklich verstanden haben).

▸ Versuchen Sie, eine emotionale Verbindung zur Information herzustellen.

▸ Werden Sie aktiv! Konstruieren Sie Modelle, oder stellen Sie Analogien her.

▸ Stellen Sie Zusammenhänge zu bereits bekanntem Wissen her, damit Sie die Information leichter wiederfinden und besser abrufen können.

Allein schon die Beschäftigung mit einer Information erhöht die Behaltensleistung

Eine optimale Behaltens- und Lernleistung erreichen Sie, wenn Sie es schaffen, beide Gehirnhälften an der Informationsverarbeitung teilhaben zu lassen. Beschäftigen Sie sich intensiv unter verschiedenen Blickwinkeln mit dem neuen Wissen, das Sie lernen wollen.

Verstehen Sie jetzt, warum ich Ihnen für die bisher gestellten Aufgaben so viel Eigenarbeit aufgebrummt habe? Eine zeitintensive Beschäftigung überwindet die Wahrnehmungsfilter Ultrakurzzeit- und Kurzzeitgedächtnis, die Assoziationen der Zahl mit einem Buchstaben stellen den Zusammenhang mit bekanntem Wissen her (Eselsbrücke), die Aufforderung, Ihre gefundenen Ideen auch zeichnerisch darzustellen, bezieht die rechte Gehirnhälfte mit ein, und außerdem trainieren Sie Phantasie und Erfindungsgabe. Auch wenn Sie keine eigenen Ideen für den Zahlen-Buchstaben-Vergleich gefunden haben, liefert allein die geistige Beschäftigung mit dem Problem einen erheblichen Beitrag zur dauerhaften Speicherung. Der Zusammenhang wird gelernt, ohne eine entsprechende Lösung gefunden zu haben!

Trainieren Sie nun die rechte Gehirnhälfte, indem Sie die nächsten beiden Aufgaben Nr. 5 und Nr. 6 (von insgesamt zehn Aufgaben) bearbeiten. Die Vorgehensweise hat sich nicht verändert.

U21 lo0 gehl'0 i3 0au0e0chri11!

5. Aufgabe

Ab sofort gilt: 4 = r bzw. r = 4

Beispiel 1

4	*Vier Buchstaben*

Das Wort »vier« hat vier Buchstaben, wovon der letzte ein »r« ist.

Beispiel 2

4	*Sommer Winter Frühling Herbst*

Der Buchstabe »r« ist der einzige, der in den vier Jahreszeiten vorkommt.

Bitte vergessen Sie nicht, Ihre gefundenen Eselsbrücken auch zu zeichnen. Sie wissen ja – für die rechte Gehirnhälfte. So merken Sie sich die Information besser.

Ihre Idee Nr. 1

4	

Ihre Idee Nr. 2

4	

Und noch ein Tip, wenn Ihnen partout kein weiterer Zusammenhang einfallen will: Fragen Sie doch Ihren Partner oder Ihre Freunde.

Wei1e4 geh1'0 zu4 2äch01e2 i21e4e00a21e2 Aufgabe.

Sie haben inzwischen bestimmt schon ein bisschen Übung, was das Finden von Eselsbrücken für die Laut-Zahlen-Kodierung angeht. Versuchen Sie möglichst mehr als zwei weitere Gedächtnishilfen zu finden – so können Sie sich die gelernten Informationen besser merken. Kopieren Sie die entsprechenden Seiten aus dem Buch, oder zeichnen Sie sie einfach auf ein Extrablatt.

6. Aufgabe

Sie sind jetzt bei der 6. Aufgabe von insgesamt zehn Aufgaben angelangt. Sie haben also schon die Hälfte der Aufgaben der Zahlen-Buchstaben-Kodierung geschafft.

Wir führen jetzt eine weitere Bedingung ein, die uns das Lernen noch einmal erleichtert. Ab sofort gilt außerdem: 5 = l bzw. l = 5

Beispiel 1

5

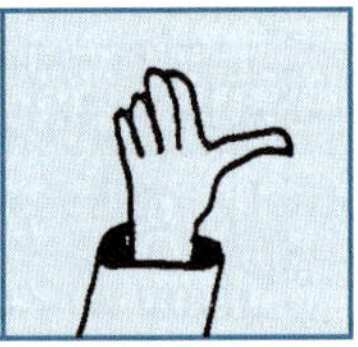

Schauen Sie auf Ihre Hand. Wenn Sie den Daumen abspreizen, entsteht der Buchstabe »L« zwischen Zeigefinger und Daumen. So können Sie die Zahl 5 (die fünf Finger der Hand) mit »L« in Verbindung bringen.

Beispiel 2

5	*X + X + X +* *X + X = L* ***50***

Kennen Sie die Zählweise der alten Römer? Das große »L« entspricht der römischen Zahl für 50. Streichen Sie in Gedanken einfach die Null weg, und schon haben Sie die Gedankenbrücke von 5 zu »L« geschlagen.

Ihre Idee Nr. 1

5	

Ihre Idee Nr. 2

5	

0cha51e2 0ie 1ie 4ech1e Gehi42hä5f1e bei3 5e42e2 wie ei2e2 1u4bo3o1o4 1azu!

Das Zusammenspiel von linker und rechter Gehirnhälfte kann man auch an folgendem Bild veranschaulichen, das Sie auf der nächsten Seite sehen. Erkennen Sie dort die *beiden* Quader, oder sehen Sie vorab nur einen?

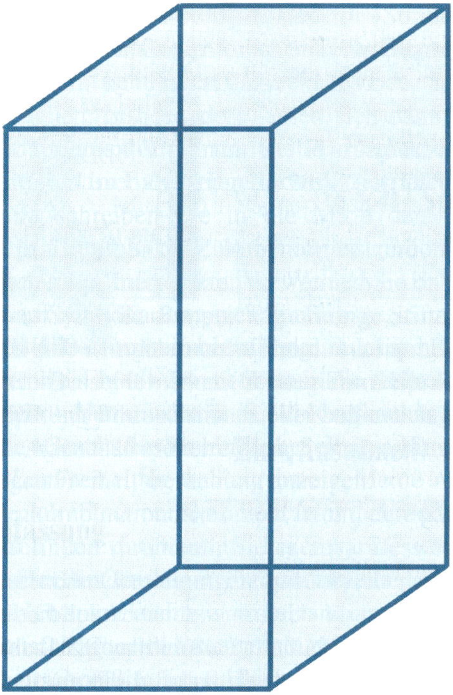

Der Quader, den man auf zwei verschiedene Arten sehen kann.

Schauen Sie genau hin. Können Sie zwei Quader entdecken? Nein? Wenn Sie nur einen Quader sehen, liegt das daran, dass offensichtlich nur die rechte Hemisphäre Ihres Gehirns die Informationen verarbeitet. Die linke Hälfte lehnt sich sozusagen dabei bequem zurück und sagt: »So, mein liebes rechtes Gehirn, perspektivische Darstellungen liegen in deinem Zuständigkeitsbereich. Ich habe damit nichts zu tun. Nun mach mal und finde die zwei Figuren allein.«

Um beide Quader sehen zu können, helfen Ihnen vielleicht die folgenden Hinweise. Das linke Gehirn wird dann zugeschaltet:

Stellen Sie sich einen quaderförmigen Pabierkorb vor. Den ersten Quader sehen Sie, indem Sie sich den Papierkorb nach oben geöffnet vorstellen. Die hintere Kante wird also teilweise verdeckt. Nun holen Sie im Geist die hintere Kante nach vorn, so dass der Papierkorb auf dem Kopf steht. Die Öffnung befindet sich nun unten. Alles klar? Sehen Sie jetzt zwei Quader in der einen Abbildung?

Versuchen Sie zur Abwechslung einmal, an einem leicht bewölkten Tag Figuren (Tiere, Gebäude, Gesichter usw.) in der Form der verschiedenen Wolken zu entdecken. Schauen Sie genau hin, Sie werden staunen, was der Himmel alles zu bieten hat.

Prüfen Sie, welcher Lerntyp Sie sind, ob Sie rechtslastig rational oder linkslastig emotional geprägt sind. Je nach Ergebnis müssen Sie die jeweils andere Gehirnhälfte stärker in Ihr Lernen mit einbeziehen: mehr Kreativität oder bessere Organisation.

Falls Sie nicht beide Quader entdeckt haben, können Sie auf Seite 187 die mit Hilfslinien skizzierten Quader sehen.
Gönnen Sie sich einige Minuten der Entspannung, und stellen Sie sich die Frage: »Was habe ich über das Gehirn und seine Funktionen erfahren, und welche Auswirkungen hat die Gehirnorganisation auf mein Lernverhalten?«

Vergessen Sie beim Lernen nicht das »Ausatmen«.

Besser lernen heißt nicht nur »einatmen«, sondern auch »ausatmen«, also nicht nur Informationen und Wissen passiv aufnehmen, sondern auch aktiv verarbeiten: bildlich darstellen, mit bereits vorhandenem Wissen verknüpfen und so lange wiederholen, bis die Informationen fest im Langzeitgedächtnis verankert sind und bei Bedarf sofort abgerufen werden können. Luft holen und wieder auspusten müssen allerdings Sie ganz allein! Nur wenn Sie selbst die Konsequenzen aus dem Wissen über die Gehirnorganisation aktiv in Ihren Lernprozess mit einbeziehen, werden Sie besser lernen. Für das »Ausatmen« werde ich Ihnen noch konkrete Hilfestellung geben.

Erste Erfolgskontrolle: Das Wissen wird von einem Lernpartner abgefragt.

Zusammenfassung

- Die Gehirnstruktur jedes Menschen ist einmalig; es gibt nicht zwei Menschen mit genau derselben Architektur des Gehirnaufbaus.
- Jeder Mensch hat also auch einzigartige Voraussetzungen für individuelles Lernen.
- Ziehen Sie Konsequenzen aus dem Aufbau der Gehirns, und beschreiten Sie in Ihrem Lernverhalten neue Wege.
- Die zeitliche Orientierung des Gehirns wird eingeteilt in die drei Kategorien Ultrakurzzeitgedächtnis, Kurzzeitgedächtnis und Langzeitgedächtnis.
- Um den Menschen nicht mit überflüssigen Informationen zu belasten, hat die Natur das menschliche Gehirn mit der zeitlichen Orientierung als Schutzfunktion ausgestattet.
- Beim Lernen müssen Sie die Zeitspannen der drei Filterfunktionen berücksichtigen:
  - ▶ Ultrakurzzeitgedächtnis: ca. 20 Sekunden
  - ▶ Kurzzeitgedächtnis: ca. 20 Minuten
  - ▶ Langzeitgedächtnis: länger als 20 Minuten
- Gelernte Informationen lassen sich durch Verknüpfen mit bekanntem Wissen besser merken und viel schneller wieder abrufen.
- Bei der örtlichen Orientierung des Gehirns ist jede Gehirnhälfte für einen bestimmten Aufgabenbereich hauptverantwortlich.
- Besser lernen heißt, beide Gehirnhälften in den Informationsverarbeitungsprozess mit einzubeziehen.
- Häufig lernt man linkslastig. Schalten Sie die rechte Gehirnhälfte beim Lernen wie einen Turbo hinzu, indem Sie Inhalte z.B. zeichnerisch darstellen.
- Das Wort »vier« hat vier Buchstaben, und der letzte davon ist ein »r«: 4 = r bzw. R.
- Aus der Hand lässt sich durch rechtwinkliges Abspreizen des Daumens ein »L« konstruieren. Jede Hand hat fünf Finger: 5 = L bzw. l.

Nun wissen Sie über die zeitliche und örtliche Orientierung des Gehirns Bescheid, kennen die Gedächtnisfilter und die Aufgabenteilung der beiden Gehirnhälften, so dass Sie bestens gerüstet sind, Ihr Lernverhalten zu optimieren.

PERSÖNLICHE LERN-ERFAHRUNGEN

Die ersten Lernerfahrungen in der Schule prägen oft fürs Leben. Dort heißt lernen meist still sitzen und passiv den Lernstoff aufnehmen. Wichtig für erfolgreiches Lernen ist, dass man weiß, wofür man lernt und wie man das am besten macht. Es soll sich schließlich lohnen, aktiv zu werden. So wird das Lernen zu einem positiven Element.

Ihre Lernvoraussetzungen

Wer bin ich?

Gehören Sie auch zu den Menschen, denen allein der Gedanke an das Lernen schlechte Laune, Stress oder Kopfschmerzen verursacht? »Ich halte das nicht aus. Nächste Woche muss ich eine wichtige Arbeit schreiben. Wie soll ich das bloß schaffen!« Kommen Ihnen solche Sätze bekannt vor? Gedächtnis- und Verhaltensforscher haben wissenschaftlich eindeutig bewiesen, dass die Lernfähigkeit vieler Menschen durch negative Vorerfahrungen massiv behindert wird. Das äußert sich etwa beim Lesen eines Buches so: Man liest einige Abschnitte und weiß ab einem bestimmten Zeitpunkt nicht mehr, wo es »langgeht«. Die Sachzusammenhänge sind nicht klar. Das Buch wird schließlich weggelegt oder in die Ecke geworfen. Fatalerweise stellt man dann selbstzweiflerisch fest: »Ich bin zu dumm, um das zu kapieren! Andere sind intelligenter als ich und kapieren, was da drinsteht. Nur ich komme damit nicht klar.« Forschungsergebnisse zeigen, dass sich Selbstzweifel nicht nur extrem negativ auf den Lernvorgang auswirken, sondern auch die körpereigenen Abwehrkräfte schwächen. So weiß man heute, dass das Immunsystem hochgradig von der psychomentalen Verfassung des Menschen abhängt. In der Krebsforschung ist es z.B. Standard geworden, neben der Strahlen- und Chemotherapie die Psychotherapie als ergänzende Maßnahme für den Heilungsprozess einzusetzen.

Jeder Mensch reagiert anders auf Herausforderungen. Bei den meisten ist Lernen negativ besetzt; sie versuchen, den Leistungsansprüchen auszuweichen, indem sie sich überfordert fühlen und glauben, nicht genug leisten zu können. Das wirkt sich dann tatsächlich auf die Leistungsfähigkeit aus.

Ein mikrobiologischer Test

Wissenschaftler sind in der Lage, diesen Effekt anhand von Untersuchungen an Tieren zu belegen. Was genau hat man dabei untersucht? Biologen können das Verhaltensmuster einer freilebenden Affenhorde nach sehr kurzer Beobachtungszeit herausfinden und eine feste Rangfolge bestimmen. Die Nummer eins, den dahinschreitenden Anführer mit glänzendem Fell und allen Rechten, bis hin zum letzten Tier der Rangfolge, dem »schwarzen Schaf«, das von allen anderen gebissen und verscheucht wird – alle Tiere lassen sich so in ein Hier-

Forscher haben an Tieren eine negative Rückkopplung zwischen Rangordnung und körperlicher Immunabwehr festgestellt. Ähnlich negativ ist die Auswirkung geistiger (und körperlicher) Fehlselbsteinschätzung auf Ihre Lernleistung.

archie- und Verhaltensschema einordnen. Jeder Affe hat dabei seinen festen Platz, sein »Ranking«. Nun wurde von sämtlichen Tieren unter Betäubung eine kleine Menge Blut abgenommen und auf einen spezifischen Wert des Immunsystems untersucht. Bei der Körperabwehr haben sogenannte Fresszellen die Aufgabe, schädliche Eindringlinge im Körper zu eliminieren. Das geschieht übrigens auch beim Menschen mehrere tausend Mal am Tag. Wenn man nun das abgenommene Blut der Affen künstlich mit Mikroben versetzt, stürzen sich die Fresszellen sofort auf die Eindringlinge und beginnen sie aufzufressen. Nach einer Weile entsteht um den Fremdkörper ein »Fresshof«.

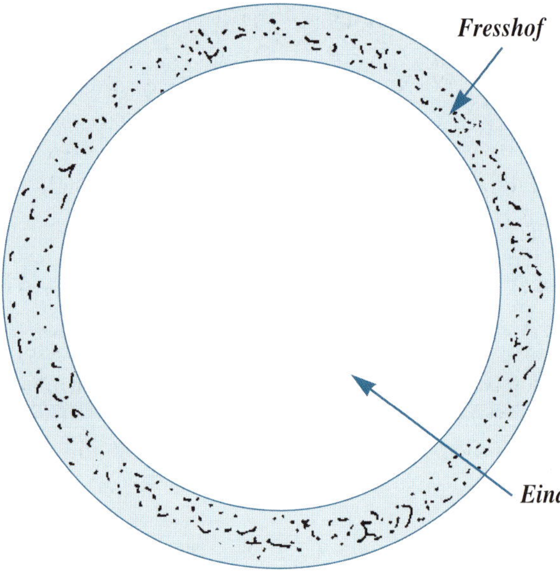

Schematische Darstellung einer Mikrobe, die von Fresszellen umgeben ist. Der gepunktete Ring stellt den Fresshof dar.

Von jedem Tier hat man jetzt die Größe des Fresshofes ermittelt und miteinander verglichen. Das Resultat ist außerordentlich verblüffend. Ordnet man die Fresshöfe der Größe nach an, entspricht die Reihenfolge exakt der beobachteten Rangfolge der Affenhorde! Der größte Fresshof wurde also beim Hordenführer, der Nummer eins, der kleinste Fresshof beim schwächsten Tier, dem »schwarzen Schaf«, ermittelt. Das Verhalten der Tiere hängt also unmittelbar mit der Stärke des Abwehrsystems zusammen.

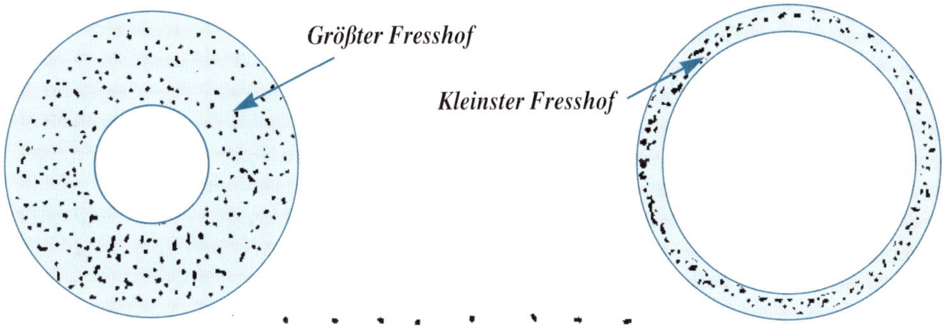

Dieser Zusammenhang besteht auch beim Menschen. Wenn Sie nur eine Stunde aktiv Sport treiben (= aktive Erholung) und dabei Ihren ganzen Ärger und Stress vergessen, vergrößern sich die Fresshöfe um bis zu 30 Prozent! Das bedeutet: Je entspannter und stressfreier Sie leben, desto besser trainieren Sie Ihre Abwehr- und Lebenskräfte. So wird sich auch das Lernen positiv auf die Lebenseinstellung auswirken, wenn Sie Folgendes berücksichtigen:

- **Allein der Gedanke an das Lernen darf kein Stress sein.**

Wenn Sie also etwas nicht verstehen, überhäufen Sie sich nicht mit Selbstzweifeln oder Schuldgefühlen. Betrachten Sie das Problem einfach von der anderen Seite, und sagen Sie sich: »Derjenige, der mir etwas mitteilen will, ist offensichtlich zu blöd, mir das verständlich zu erklären!« Versuchen Sie das einmal. Das tut gut.

Durch Entspannung verhelfen Sie sich zu mehr Ruhe und größerem Selbstvertrauen. Das hat positive Auswirkungen auf Ihre Motivation und auf Ihre Leistungsfähigkeit.

Fühlen Sie sich fit

Um optimal lernen zu können, müssen Sie also sowohl körperlich als auch seelisch einigermaßen ausgeglichen sein. Setzen Sie sich also nicht mit Wut oder Frust im Bauch an den Schreibtisch. Versuchen Sie, Ihre Probleme zu lösen oder zu akzeptieren, bis Sie sie lösen können. Wenn Sie jedoch ein Lernpensum zu absolvieren haben, sollte das Lernen im Mittelpunkt Ihres Lebens stehen.

Zu4 E210pa22u2g u21 E4ho5u2g bea4beile2 0ie 2u2 lie 2ächOle Aufgabe.

Bestimmt haben Sie inzwischen schon ein wenig Übung, was die Zahlen-Buchstaben-Kodierung und ihre bildliche Darstellung angeht. Zeichnen Sie zusätzliche Eselsbrücken, die Ihnen einfallen, einfach auf ein Extrablatt Papier.

7. Aufgabe

Merken Sie sich folgende Laut-Zahlen-Kombination:

6 = sch = g bzw. g = sch = 6

Beispiel 1

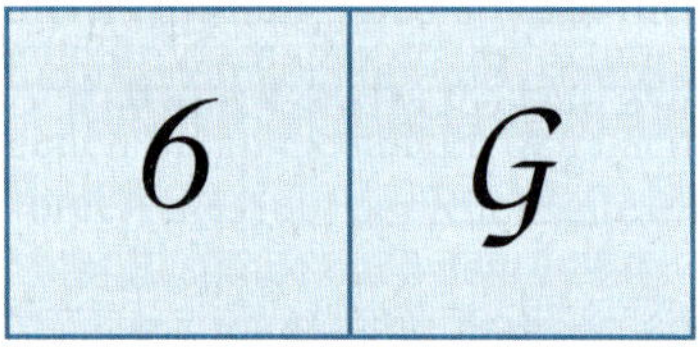

Mit etwas Phantasie läßt sich in Gedanken aus einer Sechs ein großes »G« konstruieren.

Beispiel 2

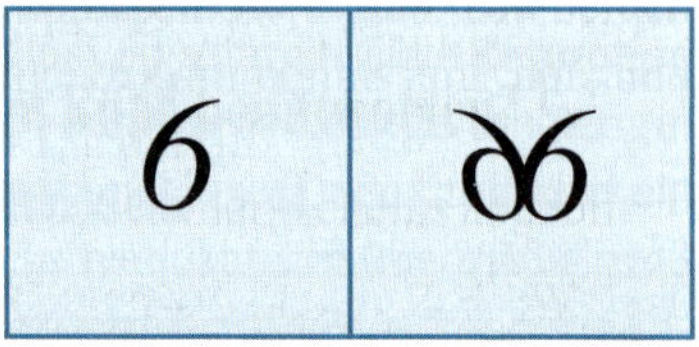

Ordnen Sie zwei Sechsen wie abgebildet an. Sieht fast aus wie ein Schmetterling oder wie Schnürsenkel.

Ihre Idee Nr. 1

Ihre Idee Nr. 2

Lassen Sie sich durch die beiden unterschiedlichen Laute »sch« und »g« nicht verwirren. Denken Sie an »Gendarm« oder »Gelee«, wo das »G« wie ein »sch« ausgesprochen wird. Es gibt allerdings eine Besonderheit, die Sie beachten müssen: Setzen Sie bei der Zuordnung »6 = sch« nicht für das »s« die Zahl 0 ein. Das Wort »Dusche« wird also zu »1u6e« und nicht zu »1u0che«!

»Fi6e40 F4i1ze fi61 f4i6e Fi6e« i01 fü4 1ie0e2 Ko1e ei2e wu21e4ba4e Übu26. Fi21e2 0ie 2ich1 auch?

Der Stressblockade entgegenwirken

Stress und Frustration vermindern den Lernerfolg. Lassen Sie sich nicht unter Druck setzen, und setzen Sie sich nicht selbst unter Druck. Richten Sie sich Ihren Lernplatz so gemütlich wie möglich ein, ohne dass Sie durch zu viel Drumherum unnötig abgelenkt werden. Vergewissern Sie sich, dass Sie alle nötigen Materialien in Griffnähe haben, so dass Sie ohne lästiges Suchen zügig arbeiten können. Finden Sie heraus, wie Sie sich am besten konzentrieren können. Brauchen Sie absolute Stille oder anregende Musik? Viele Bücher und Papiere auf dem Schreibtisch oder einen leeren Lernplatz? Hilft Ihnen ein Konzentrationstraining vor dem Lernen?

Nehmen Sie sich nicht allzu viel vor, teilen Sie die Arbeit in überschaubare »Portionen« ein, und planen Sie Pausen mit ein. Belohnen Sie sich zwischendurch mit einer Kleinigkeit, Kaffee und Kuchen, einem Eis, einem Spaziergang. Wenn Sie sich an einem Problem festgebissen haben, versuchen Sie, diese Blockade zu lösen, indem Sie z.B. erst einmal joggen gehen oder Atem- und Entspannungsübungen machen.

Im folgenden Kapitel zeige ich Ihnen, wie Sie mit ein paar einfachen Strategien Ihr Lernen optimieren und jedes Lernziel meistern können. Im Kapitel »Brainfood zur geistigen Stärkung« (siehe Seite 134ff.) erfahren Sie dann mehr über Konzentrations- und Entspannungsübungen, mit denen Sie Ihren Lernablauf auflockern können.

Stress, Versagensängste und starke Selbstzweifel führen in die Sackgasse hoffnungsloser Aktivitätshemmung. Lassen Sie sich davon keinesfalls überwältigen. Teilen Sie Ihren Lernstoff in Einheiten ein, die überschaubar sind und die Sie bewältigen können.

Zusammenfassung

- Selbstzweifel, Missmut und negativ getönte Selbsteinschätzung führen zu einer Schwächung des Immunsystems und behindern den erfolgreichen Lernprozess.
- Betreiben Sie aktives Stressmanagement, indem Sie zwischendurch regelmäßig lernfördernde Erholungsmaßnahmen anwenden (Sport treiben, Entspannungstraining, Konzentrationsübungen usw.).
- Ab heute denken Sie bei einer Sechs nicht mehr an eine Zeugnisnote, sondern assoziieren die Zahl mit »sch« oder »g«.

BESSER LERNEN MIT STRATEGIEN

Lernerfolg sollte kein Zufallserfolg sein. Wenden Sie Strategien an, mit deren Hilfe Sie leichter und besser lernen können. Diese Techniken stellen die Basis dar für das vertiefte Arbeiten mit verschiedenen anderen Lernmethoden, sie verbessern Ihr Lernverhalten grundlegend und nachhaltig.

Der programmierte Lernerfolg

Das Ei des/der ....

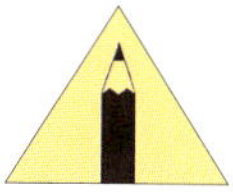

Sicher liegt Ihr Schreibstift noch griffbereit in der Nähe. Bitte schreiben Sie *Ihren Namen* auf die Linie! Es mag Ihnen vielleicht etwas komisch vorkommen. Aber glauben Sie mir – es lohnt sich. Jetzt müsste dort z.B. »Das Ei des Peter Kruppa« oder »Das Ei der Martina Reinisch« etc. stehen (je nach Geschlecht streichen Sie bitte den für Sie nicht zutreffenden Artikel). Auf den nächsten Seiten stelle ich Ihnen eine Lernstrategie vor, die Sie als Ihr ganz persönliches Schema zur Informationsverarbeitung betrachten können.

Wenn Sie das Kapitel durchgearbeitet haben, sollten Sie bei jedem Lernvorgang die nachfolgenden Handlungsanweisungen immer vor Augen haben. Vier Strategien für erfolgreiches Lernen stehen dabei im Mittelpunkt.

Um zum Lernerfolg zu gelangen, müssen Sie den Weg dorthin planen. Dazu benötigen Sie Strukturen und Techniken, die Ihnen helfen, Schritt für Schritt Ihr Ziel zu erreichen.

Vier Strategien für erfolgreiches Lernen

- Parallele Verarbeitung von Informationen
- Anwendung besserer Lerntechniken und -tätigkeiten (»Ausatmen«)
- Regelmäßiger Lern- und Arbeitsrhythmus
- Schaffen eines Gesamtwerkes

Wissen Sie noch, mit welchen Mitteln Sie die rechte Hälfte Ihres Gehirns beim Lernprozess wie einen Turbo dazuschalten können? Richtig, beispielsweise durch Zeichnen. Für die Lernstrategie habe ich mir für Sie eine Grafik ausgedacht. Bevor Sie sich nun auf der nächsten Seite die Zeichnung dazu ansehen, muss ich Sie noch einmal darauf hinweisen: Zwar aktivieren Skizzen und Grafiken die rechte Gehirnhälfte. Optimale Lernerfolge stellen sich aber erst dann ein, wenn Sie die Zeichnung selbst anfertigen! Werden Sie aktiv, zeichnen Sie – werden Sie zum Künstler!

Das Ei der/des

. . . .

Wie lautet Ihr Name im Zahlen-Buchstaben-Kode? 1A0 EI 1E0/1E4

. . . .

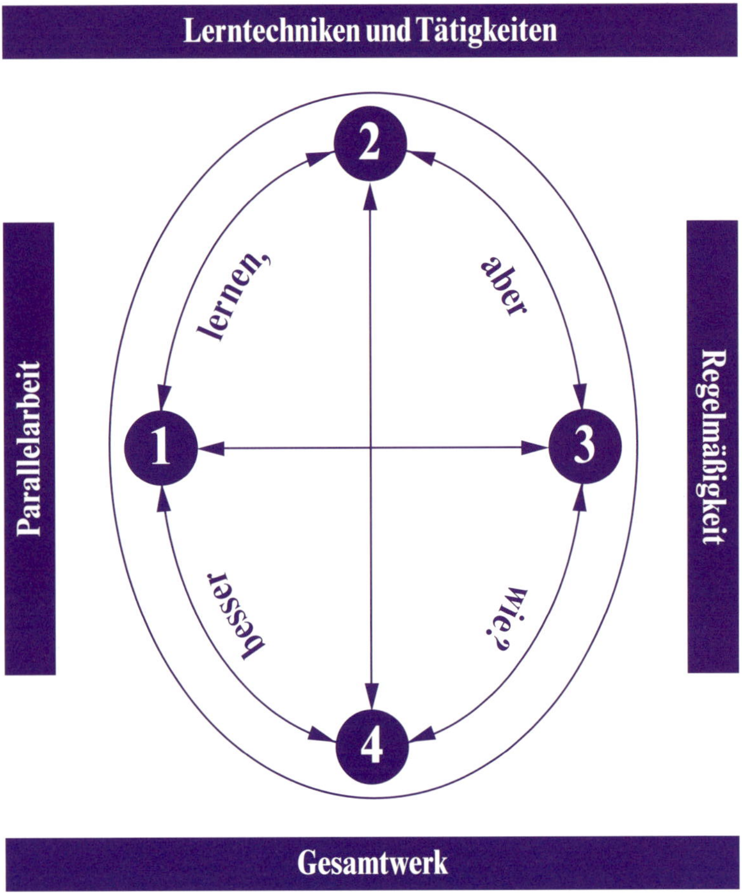

Die hier genannten vier Strategien bedingen und ergänzen sich gegenseitig. Im Wechselspiel miteinander sind sie der Garant für erfolgreicheres Lernen.

Ja, schreiben Sie noch einmal Ihren Namen in das doppelt umrandete Feld. Richtig schön groß, damit man es gut lesen kann und Sie es nicht vergessen. Ergänzen Sie auch die andere Zeile, indem Sie den Zahlen-Buchstaben-Kode anwenden.

Die vier dargestellten Strategien in der Zeichnung oben sind alle durch Pfeile miteinander verbunden. Besser lernen heißt, dass die einzelnen Strategien gleichermaßen in den Lernvorgang mit einbezogen werden, d. h., eine sollte nicht für sich allein angewandt werden. Wie sehen diese Strategien nun in der Praxis aus?

Der Wechsel der Informationen

Viele Lernende knien sich so richtig in eine Prüfungsvorbereitung hinein und beschäftigen sich stundenlang mit nur einem Themengebiet. Tatsache ist jedoch, dass die parallele Verarbeitung von Informationen den Lernprozess fördert. Damit ist gemeint, sich portionsweise mit verschiedenen Lerninhalten auseinanderzusetzen. Der Wechsel der Informationen weckt die Neugier. Es wird also immer wieder interessant, sich mit einem neuen Sachgebiet zu beschäftigen. Man stumpft nicht ab. Stellen Sie sich einmal vor, Sie würden auf einer Party stundenlang nur ein und dasselbe Spiel spielen!

Zwischen verschiedenen Lerngebieten abzuwechseln birgt die Gefahr der unnötigen Ablenkung. Teilen Sie Ihre Arbeitsgebiete genau ein, und fliehen Sie nicht aus einem schwierigen Stoffgebiet in ein leichteres. Belohnen Sich sich mit einer Abwechslung, wenn Sie einen schwierigeren Teil geschafft haben.

Die goldenen Regeln der Parallelverarbeitung

- Lernen Sie nie an nur einem Lerngebiet.
- Sorgen Sie durch Variation der Informationen für Abwechslung.
- Stückeln Sie den Lernstoff so, dass eine Parallelverarbeitung zeitlich durchführbar ist.
- Geben Sie sich ein zeitliches Limit je Einheit vor. Hierbei gilt grundsätzlich: Weniger ist mehr.

Es wird Zeit, die nächste Aufgabe zu lösen.

8. Aufgabe

Ab sofort gilt: 7 = k bzw. 7 = k

Beispiel 1

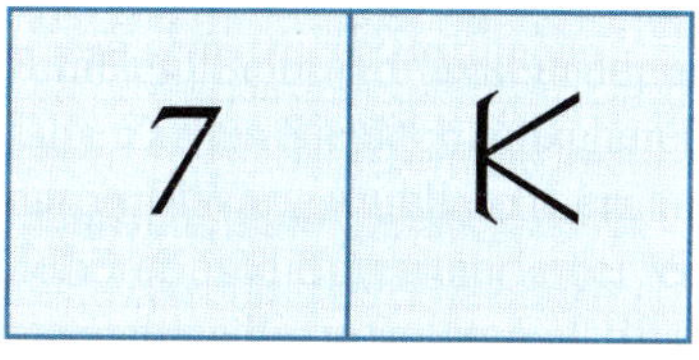

Der Buchstabe »K« lässt sich aus zwei Siebenen herstellen.

Beispiel 2

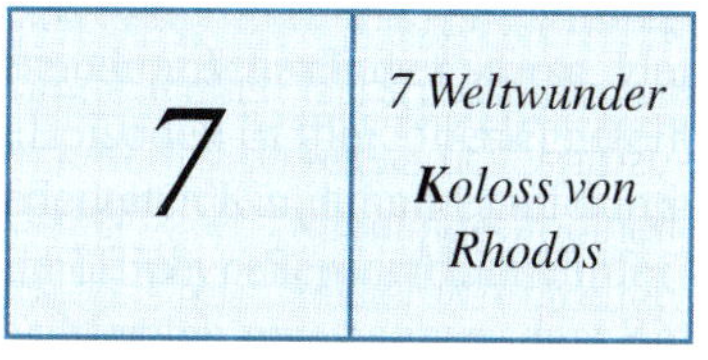

»Koloss von Rhodos«, eines der sieben Weltwunder, fängt mit »K« an.

Ihre Idee Nr. 1

7

Ihre Idee Nr. 2

7

Die Zuordnung gilt auch für Wörter, die mit »ck« geschrieben werden. Aus »Zwieback« wird also »Zwieba7«.

1e4 0i22 u21 Zwe7 1ie0e4 Auf6abe2 3a6 Ih2e2 2och 2ich1 ei25euch1e2. Aber keine Angst – die Auflösung wird Sie verblüffen!

Lerntechniken und -tätigkeiten

Das Lernziel ist der wichtigste Motivationsfaktor. Klare Vorstellung von dem, was Sie erreichen wollen, und der Wille, es auch wirklich zu schaffen, sind wichtige Voraussetzungen für den Lernerfolg.

Sie wissen mittlerweile, wie das Gehirn beim Lernen funktioniert und wie es in den Lernprozess mit eingebunden werden muss. Haben Sie auch die richtige Einstellung, die neuen Informationen aktiv umzusetzen? Manchen Leuten fällt es sogar schwer, morgens aus dem Bett zu steigen. »Heute habe ich keine Lust. Am liebsten würde ich den ganzen Tag liegen bleiben.« Wenn Sie dieses Problem haben, gibt's nur eins: Stehen Sie auf! Lernen verträgt sich nicht mit Passivität. Lernen heißt aktiv sein!

Mündliche Prüfungen

Ganz am Anfang steht die Frage: »Wozu lerne ich?« Um die Lerntätigkeiten vernünftig organisieren zu können, benötigt man eine klare Zielvorstellung. Machen Sie sich klar, wofür Sie die zu lernenden Informationen benötigen. Besonders Studenten bereiten sich beispielsweise völlig falsch auf eine mündliche Prüfung vor, weil sie die Zielfrage nicht geklärt haben. Um eine mündliche Prüfung zu bestehen, ist es notwendig, einen bestimmten Sachverhalt zu erzählen. Und wie bereiten sich die meisten darauf vor? Sie lesen Fachbücher und hören Vorlesungen! Es wird nur das »Einatmen« trainiert. »Ausatmen« heißt in diesem Fall aber sprechen üben. Wie macht man das? »Missbrauchen« Sie zu diesem Zweck Ihren Partner, Ihre Verwandten oder Bekannten. Erzählen Sie ihm oder ihr den Sachverhalt. Kommen fachliche Rückfragen, merken Sie sofort, ob Sie verstanden wurden, ob Sie es richtig gelernt haben und auch erklären können. Wenn es überhaupt nicht anders geht, erzählen Sie »Gerhard« alles. Sie wissen nicht, wer Gerhard ist? Er ist das, was man unter einem optimalen Zuhörer versteht.

Die größte Wissensfülle nützt wenig, wenn Sie nicht in der Lage sind, in einer mündlichen Prüfung flüssig und strukturiert vorzutragen. Ordnen Sie Ihr Wissen, und geben Sie es je nach Anforderung preis. Dazu gehört Übung!

Er ist:
G eduldig
E in toller Typ
R uhig
H öflich
A usdauernd
R ichtig nett
D ufte

GERHARD ist der ideale Partner zum Lernen. Er hört alles, sagt aber nichts.

Malen Sie ihn am besten richtig schön groß, und pinnen Sie ihn an die Wand. Die ersten Male werden Sie sich etwas seltsam vorkommen, Gerhard alles zu erzählen. Aber Sie sind ja ganz allein, und keiner hört zu.
Aktivität beim Lernen setzt die Einbeziehung aller Sinnesorgane voraus. Gerhard können Sie also auch anschreien, wenn Sie etwas aufregt. Protestieren Sie laut. Laufen Sie durch das Zimmer. Je wichtiger etwas ist, desto heftiger können Sie werden. Verknüpfen Sie die gelernten Informationen mit Emotionen, und lassen Sie sie unbesorgt an Gerhard aus!

Schriftliche Prüfungen

Versetzen Sie sich in die Situation eines Lehrers, der eine Klassenarbeit vorbereitet hat. So lernen Sie die Prüfungssituation von der anderen Seite her kennen und bauen Prüfungsängste ab.

Schriftliche Prüfungsarbeiten bereiten Sie am besten so vor: Treffen Sie sich mit zwei oder drei anderen Prüflingen mit der Aufgabe, dass jeder eine eigene Prüfungsarbeit vorbereitet hat. Jede Arbeit wird dann von den anderen geschrieben, und die Ergebnisse werden danach von dem überprüft, der sie verfasst hat.

- **Wie man lehrt, muss man lernen.**

Die wichtigsten Punkte dieser Strategie lauten zusammengefasst:

- Einbeziehung der Gehirnaktivitäten (zeitliche und örtliche Orientierung)
- Klärung der richtigen Lerneinstellung
- Vorgabe einer zielgerichteten Orientierung
- Anwendung physischer Lernaktivitäten (»Gerhard«, Lerngruppe)

Nehmen Sie nun die 9. und vorletzte Aufgabe des Zahlen-Buchstaben-Kodes in Angriff. *Ba51 habe2 0ie e0 6e6affl!*

9. Aufgabe

Ab sofort gilt: 8 = f, v bzw. v, f = 8

Beispiel 1

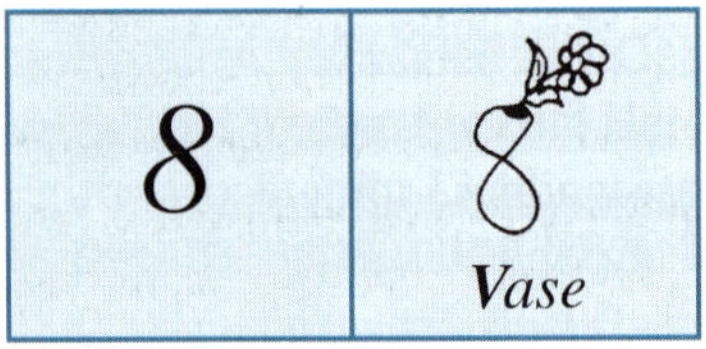

Die Zahl 8 kann man sich als Designervase vorstellen. »Vase« beginnt mit einem »V«.

Beispiel 2

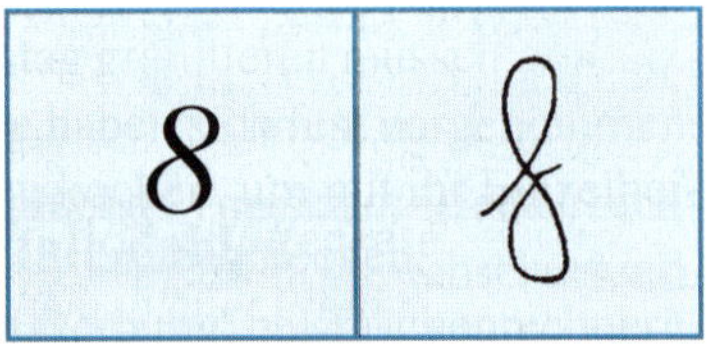

Das handschriftliche »f« lässt sich mit ein wenig Phantasie wie eine Acht formen.

Ihre Idee Nr. 1

8	

Ihre Idee Nr. 2

8	

Der Buchstabe »v« wird häufig wie »f« gesprochen. Deshalb kann man sich die Zuordnung leicht merken. Beispiel: »vielleicht« wird zu »8ie55eich1«.

Regelmäßigkeit bringt Erfolg

Die gesamte Stofffülle eines Lerngebiets wirkt meist riesig. In kleine Portionen eingeteilt, ist aber alles zu bewältigen. Wichtig dabei ist die konsequente Abarbeitung der einzelnen Lerneinheiten.

Der berühmte Schriftsteller Thomas Mann wurde einmal gefragt, woher seine geistigen Eingebungen in dieser Fülle kämen. Die Antwort darauf war sehr eindrucksvoll: »90 Prozent sind Transpiration, nur 10 Prozent sind Inspiration.« Das bedeutet also: Seine umfangreichen Werke sind deswegen zustande gekommen, weil er sich regelmäßig und kontinuierlich an die Schreibmaschine setzte und schrieb. Probieren Sie es ruhig aus; setzen Sie sich hin, und schreiben Sie jeden Tag eine Seite eines Romans.

Erfolgreich lernen heißt auch regelmäßig lernen. Dazu gehört, dass man sich feste Zeiten vorgibt, in denen gelernt wird. Machen Sie sich einen Plan. Es gibt nichts Schlimmeres, als ins Kino oder Konzert zu gehen, ohne das Pensum geschafft zu haben. Kennen Sie das nicht auch? »Normalerweise müsste ich ja noch für dieses oder jenes etwas tun. Aber morgen ist ja auch noch ein Tag. Dann schaffe ich bestimmt alles und hole das Versäumte nach.« Das schlechte Gewissen plagt Sie, und Sie fühlen sich nicht wohl in Ihrer Haut. Was für ein Wahnsinn! So können Sie Ihre freie Zeit nicht unbeschwert genießen, und beim Lernen stehen Sie immer unter Stress.

Zur Regelmäßigkeit gehört auch, dass man konsequent sich selbst gegenüber ist. Wie gern werden unfreiwillige Störungen zum Anlass genommen, den Lernprozess zu unterbrechen oder hinauszuzögern. Beispiele hierfür hat schon jeder erlebt:
»So, heute werde ich mich intensiv auf die Prüfung vorbereiten! Es ist jetzt 9 Uhr morgens. Ich kann also ordentlich etwas schaffen. Aber bevor es losgeht, muss ich natürlich frühstücken. Ach ja, die Zeitung von heute habe ich ja auch noch nicht gelesen. Macht nichts, wenn ich erst um 10 Uhr anfange. Der Tag ist noch lang. So ein Zufall! Um 11 Uhr beginnt ja eine äußerst interessante Sportübertragung. Gut, dass ich die Zeitung gelesen habe. Die muss ich unbedingt sehen. Lernen kann ich auch noch am Nachmittag. Nun ist es schon 15 Uhr (die anschließende Diskussion ist auch noch sehr spannend gewesen). Zeit, sich um das Mittagessen zu kümmern. Danach geht's aber los.« Um 16.30 Uhr klingelt dann das Telefon, und ein guter Freund kündigt seinen Besuch an, oder man verabredet einen Termin in der nächsten Kneipe usw. Das Resultat: Wie eine Katze, die um den heißen Brei schleicht, drücken Sie sich erfolgreich um das Lernen.

Besser lernen heißt besser organisiert lernen

Wer kennt sie nicht, die Ablenkungsfallen? Seien Sie ehrlich zu sich selbst, und beobachten Sie, wodurch Sie sich ablenken lassen. Dann gilt es, diese Ablenkungen auszuschalten und sich nur aufs Lernen zu konzentrieren.

Möglicherweise ist auch der Lernort falsch ausgestattet, um eine angenehme Lernatmosphäre herzustellen. Können Sie die nachfolgenden Fragen alle mit ja beantworten?

Checkpunkte für die Gestaltung des Lernplatzes

- Befindet sich eine Fotografie des Partners, der Familie oder eines lieben Menschen auf dem Schreibtisch?
- Haben Sie die technischen Voraussetzungen am Arbeitsplatz, um »auszuatmen«? Können Sie Zeichnungen herstellen, Modelle bauen und sich im Zimmer frei bewegen? Hängt »Gerhard« an der Wand?
- Können Sie den Arbeitsplatz verlassen, ohne ihn jedesmal neu aufräumen zu müssen?
- Liegt immer eine Uhr griffbereit, und haben Sie den Arbeitsplan vor Augen?

Belohnungen steigern die Lernmotivation. Verdienen Sie sich eine Kaffeepause!

Richten Sie sich Ihren Arbeitsplatz und Ihre Lerneinheiten nach Ihren Erfordernissen ein. Als Anhaltspunkt mag Ihnen die Arbeitsweise dienen, die ich persönlich mir angewöhnt habe.
Mein erster Blick geht zur Armbanduhr. Ich schnalle sie ab und lege sie auf den Schreibtisch. Eine Stunde technische Englischvokabeln stehen auf dem Programm. Danach habe ich mir eine Tasse Kaffee verdient. (Die Pause dauert ca. zehn Minuten.) Nach weiteren 45 Minuten Arbeit am Fach »Technische Mathematik« belohne ich mich mit der nächsten Tasse Kaffee und einem Blick in die Tageszeitung. Danach geht's zur Arbeit, und ich bin froh, mein Tageslernpensum bereits erledigt zu haben. Ich musste natürlich früh genug aufstehen.

Bestens bewährt hat sich die strenge zeitliche Organisation. Bleiben Sie die vorab geplante Zeiteinheit wirklich am Schreibtisch bzw. am Lernstoff. Verteilen Sie die Stoffmenge gleichmäßig auf diese Zeiteinheiten.

Lernpausen halten fit

Glauben Sie bloß nicht, dass Sie an Lebensqualität einbüßen, wenn Sie sich bei der Erledigung Ihres Lernpensums eine beamtenhafte Regelmäßigkeit angewöhnen. Im Gegenteil! Sie machen eine ganz neue Erfahrung: Sie freuen sich auf die Zeit nach der Lernarbeit!
Deshalb: Wenn Sie gern Kaffee trinken, fernsehen oder die Tageszeitung lesen, planen Sie diese Dinge als Belohnung für einen geleisteten Lernabschnitt ein, und gönnen Sie sich eine kleine Pause, bevor Sie frisch gestärkt und mit gutem Gefühl weiterarbeiten.

Nach der letzten Aufgabe zum Zahlen-Buchstaben-Kode haben Sie nun den Zahlen zwischen 0 und 9 Konsonanten bzw. Laute zugeordnet. Sie werden in den folgenden Kapiteln noch sehen, wie nützlich dieser Kode ist.

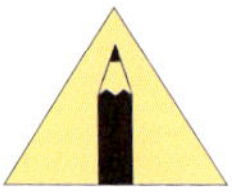

10. (und letzte) Aufgabe

Ab sofort gilt: 9 = b, p bzw. b, p = 9

Beispiel 1

9	dg

Aus dem Spiegelbild der Neun kann man die Buchstaben »b« und »p« konstruieren.

Beispiel 2

9	

Zwei Neunen, wie oben gezeichnet, ergeben eine Brille. Das Wort »Brille« fängt mit einem »B« an.

Ihre Idee Nr. 1

9	

Ihre Idee Nr. 2

9	

94i3a! 0ie ha9e2 e0 6e6a881! 9ha21a01i6!

Nun ist es für Sie bestimmt eine Kleinigkeit, die nachfolgende Tabelle zu ergänzen. In der vorderen Umschlagklappe finden Sie eine Kodewortliste der Zahlen 1 bis 100.

	9	**6**		**4**		**7**	**0**		**5**		**3**
d, t			**n**		**f**			**s, ß**		**b, p**	

Das Gesamtwerk auf Karteikarten

Aus Lernkarten lässt sich ein nützlicher Vorrat des Wissens erstellen. Außerdem lässt sich so mit Händen greifen, was Sie alles dazugelernt haben.

»Nicht für die Schule, sondern für das Leben lernen wir« – wer kennt nicht diesen Satz. In der Tat ist es für viele Menschen höchst unbefriedigend, dass das Ergebnis des Lernprozesses meistens in einer Klassenarbeit oder Prüfung mündet. Hat man sie dann nicht bestanden, heißt es: »Alles war umsonst!« Ausgenommen natürlich Lernaktivitäten, wie sie beim Sport oder Musizieren sichtbar bzw. hörbar sind. Wie stolz ist man darauf, wenn man ein Musikstück auf der Gitarre spielen kann oder einen Schwung beim Skifahren beherrscht. Bestimmt kennen Sie das Gefühl.
Wie stolz kann man aber sein, wenn die gelernten Informationen zu sehen sind! Wäre es nicht wunderbar, das gespeicherte Wissen, ähnlich wie in einer Bibliothek, vor sich haben zu können? Es ist sogar möglich, den gelernten Stoff so aufzubewahren, dass ein Gesamtwerk – eine Art persönliches Lebenswerk des Wissens – entsteht. Dieser Gedanke ist Ihnen neu? Dann können die nächsten Abschnitte Ihr Lernleben dramatisch verändern!

■ **Machen Sie Ihr Wissen sichtbar.**

Es gibt eine denkbar einfache Möglichkeit, das »Einatmen« in das »Ausatmen« zu überführen, die aufgenommenen Informationen also wiederaufzubereiten und so zu lernen. Der Effekt, der dabei entsteht, entspricht dem eines Turbos, den Sie beim Lernen dazuschalten. Halten Sie sich also gut fest, schnallen Sie sich an, und stellen Sie das Rauchen ein. Ab heute werden Sie nämlich nie mehr eine Information verarbeiten, ohne sich eine Karteikarte dazu anzufertigen!
Ja, Sie haben richtig gelesen: eine **Karteikarte**. Andere Bezeichnungen dafür sind natürlich auch erlaubt: Lernkarte, Lernzettel, Lernkarton, Lernturbo etc.
Eine Karteikarte herzustellen bedeutet »auszuatmen«. Beim Aufbau der Karteikarten fließen natürlich auch die Erkenntnisse über die Funktionen der beiden Gehirnhälften mit ein. So lassen sich Karteikarten erstellen, die zur Aktivierung beider Hemisphären und damit zum größtmöglichen Lernerfolg führen. Genauere Beispiele hierzu finden Sie im folgenden Kapitel.

Schüler, die mit Karteikarten lernen, machen übrigens eine ganz neue Erfahrung: Sie freuen sich auf die nächste Klassenarbeit! Untersuchungen belegen, dass allein die Anfertigung der Lernkarte bereits eine Speicherung bewirkt. Über 50 Prozent der Informationen werden dabei gelernt. Auch komplizierte Sachverhalte lassen sich lernen: Der begrenzte Platz auf der Karte zwingt dazu, den Stoff strukturiert und komprimiert zusammenzufassen.

Vorteile der Lernkarte

Lernkarten lassen sich in jedem Stoffgebiet und in beinahe jeder Situation einsetzen. Falls Sie noch nicht mit Lernkarten arbeiten, machen Sie den Versuch. Sie werden schnell überzeugt sein.

Freuen Sie sich schon auf die ersten Karten, die Sie erstellen werden. Sie werden sie nie vergessen! Karteikarten sind außerdem eine sehr flexible Lernhilfe, die überall eingesetzt werden kann. Überlegen Sie sich einmal, wie viel Zeit Sie beim Warten in Behandlungs- und Behördenzimmern oder beim Fahren in öffentlichen Verkehrsmitteln vergeuden. Ist doch schade drum! Natürlich werden Sie sich die ersten Male etwas mulmig fühlen, wenn Sie ein paar Karteikarten zücken und lernen, doch diese Scheu legt sich schnell.

Karteikarten

- Beziehen beide Gehirnhälften in den Lernprozess mit ein und helfen, die Gedächtnisfilter zu überwinden.
- Erzeugen ein hohes Maß an Aktivität und Eigenarbeit.
- Strukturieren komplizierte und umfangreiche Sachverhalte.
- Ermöglichen Parallelarbeit. Wie das? Verwenden Sie einfach unterschiedliche Farben! Für jedes Fach eine andere Farbe.
- Erzeugen ein Gesamtwerk und machen die gelernten Informationen sichtbar.
- Lassen sich überallhin mitnehmen.

Doch damit nicht genug. Im folgenden Kapitel werde ich Ihnen eine phantastische Lernmaschine vorstellen. Lernen ist damit für Sie überhaupt kein Problem mehr. Lernpensum und Lerndauer können Sie sich damit beliebig einteilen. Sie können sogar sehen, wie stark sich die gelernten Informationen vermehren und sich damit Ihr Wissen vergrößert.

Zusammenfassung

- Das Ei des/der . . . .
- Sie lernen besser durch Anwendung der Strategien Parallelverarbeitung, Lerntechniken- und tätigkeiten, Regelmäßigkeit und Gesamtwerk.
- Beim parallelen Lernen verarbeiten Sie die Informationen scheibchenweise, damit die Lerneinheiten überschaubarer werden, eine bessere Zeiteinteilung möglich ist und durch die Abwechslung die Motivation gefördert wird.
- Stellen Sie Ihre Lerntechniken und Lerntätigkeiten auf die Gehirntätigkeiten ab. Klären Sie Ihre Lerneinstellung, und geben Sie sich eine zielgerichtete Orientierung vor.
- Vergessen Sie nicht, den Vortrag einzuüben, wenn Sie eine Rede halten oder eine mündliche Prüfung absolvieren müssen.
- Sprechen Sie mit »Gerhard«, zeigen Sie ihm alle Ihre Gefühle.
- Erklären Sie den Lernstoff Verwandten, Bekannten oder Ihrer Arbeitsgruppe. Die Rückmeldungen zeigen Ihnen, was Sie noch einmal oder besser lernen müssen.
- Werden Sie »Lernbeamter«, lernen Sie regelmäßig und zu festgelegten Zeiten, und vermeiden Sie ein Katze-um-den-heißen-Brei-Verhalten.
- Machen Sie Ihren Lernerfolg sichtbar, indem Sie Karteikarten produzieren.
- Karteikarten:

▶ Überwinden die Gedächtnisfilter
▶ Aktivieren den Lernprozess
▶ Zwingen Sie zur strukturierten Vorgehensweise
▶ Schaffen ein Gesamtwerk
▶ Kann man bequem überall mit hinnehmen

- Die Zahl 7 assoziieren Sie in Zukunft mit dem Buchstaben »K« bzw. »k«.
- Die Zahl 8 kann man sich schön als Designervase vorstellen. 8 = . . . bzw. . .
- »b« und »p« stehen für die Zahl . . .

Mit dieser Checkliste sind Sie Ihrer persönlichen Lernstrategie entscheidend näher gekommen. Setzen Sie die Anregungen Ihren Erfordernissen und Gegebenheiten entsprechend um.

DER LERN-KARTEN-COMPUTER (LKC)

Um einen dauerhaften Lernerfolg zu erzielen, ist eine kontinuierliche und umfassende Konfrontation mit dem Lernstoff notwendig – so lange, bis er sich dauerhaft im Langzeitgedächtnisspeicher befindet. Beim Arbeiten mit dem Lernkartencomputer stellen sich schon nach kurzer Zeit Erfolgserlebnisse ein, und Ihr Wissensvorrat nimmt enorm zu.

Eine verblüffend einfache Lernmaschine

Aufbau und Anwendung

Natürlich können Sie die angefertigten Lernkarten einfach in einer Schachtel aufbewahren. Sie wissen aber, dass die Informationen in bestimmten zeitlichen Abständen (vgl. das Kapitel »›Bedienungsanleitung‹ fürs Gehirn« Seite 18ff.) wiederholt werden müssen, sonst überwinden sie nicht das Ultrakurzzeit- und Kurzzeitgedächtnis. Um diese Hürden zuverlässig erfolgreich zu überwinden, habe ich einen Lernkartencomputer konstruiert, mit dem Sie besser lernen können. Dieser Apparat versetzt Sie in die Lage:

- Die »ausgeatmeten« Informationen strukturiert aufzubewahren
- Das oftmals langweilige Wiederholen des Lernstoffs in einen sportlichen oder spielerischen Ablauf umzuwandeln
- Den Lern- und Wiederholungsvorgang portionsweise einzuteilen
- Mit Sicherheit gelernte Karteikarten zu produzieren
- Bei Lernunterbrechungen genau an dem Punkt weiterzumachen, an dem Sie aufgehört haben
- Besser zu lernen, ohne viel Geld auszugeben

Mit Lernkarten allein ist es nicht getan – sie müssen auch richtig abgearbeitet, also wiederholt und gelernt werden. Die Struktur des Ablaufs im Lernkartencomputer berücksichtigt die zeitliche Orientierung des Gehirns.

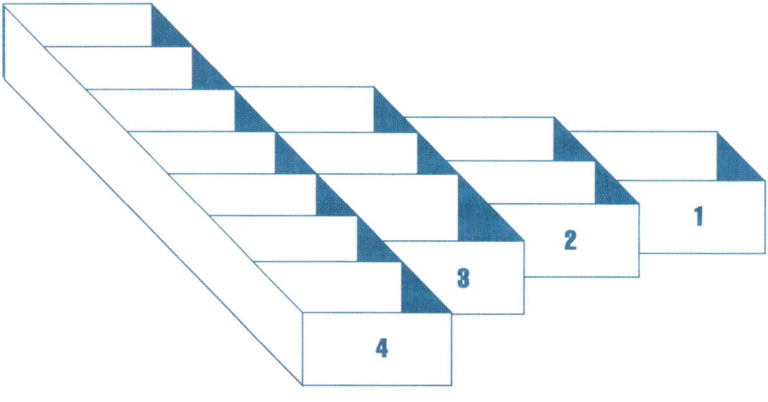

Der Lernkartencomputer. Besser lernen mit einfachen Hilfsmitteln.

Für manche Lerngebiete empfiehlt es sich, ein größeres Karteikartenformat als DIN A8 zu verwenden, weil nicht alle zusammengehörenden Informationen auf eine Karte passen. In diesem Fall müssen Sie den LKC dem größeren Karteikartenformat anpassen.

Sie sehen vier unterschiedliche Kästchenreihen (Reihe 1 bis 4). Die erste Reihe besteht aus einem Kästchen, die zweite aus zwei Kästchen, die dritte aus doppelt so vielen. Die vierte und letzte Reihe besteht schließlich aus acht Kästchen. In jedes Kästchen passen etwa 30 Karteikarten. Es spielt keine Rolle, welches Format Sie für die Karten verwenden. Bewährt hat sich das Format DIN A8 (das ist der 16. Teil einer DIN-A4-Seite). Die Karteikarte hat dann folgende Maße: Breite ca. 7,5 Zentimeter; Höhe ca. 5,2 Zentimeter.

Verwenden Sie richtiges Kartonpapier wie bei den Karteikarten aus der Papierwarenhandlung. Ein Tip an dieser Stelle: Kaufen Sie sich Karteikarten im Format DIN A4, und schneiden Sie sich die Karteikarten selbst her. Das spart Geld. Fast jeder Copyshop bietet hierfür kostenlos Schneidemaschinen an.

Das einer Pyramide ähnliche Gebilde des LKC, das aus insgesamt 15 Kästchen besteht, lässt sich aus Schuhkartons o. Ä. basteln. Wenn Sie etwas Mühe und Zeit investieren wollen, empfehle ich Ihnen, den LKC aus Holz zu bauen. Denn je intensiver Sie sich mit dem Apparat beschäftigen, desto sicherer ist, dass Sie ihn auch benutzen! Und je öfter Sie ihn benutzen, desto stabiler sollte er sein.

So können Sie aus einem DIN-A4-Blatt Ihre Karteikarten herstellen.

Wie arbeitet man mit dem Lernkarten-computer?

Angenommen, Sie haben nach einer Lerneinheit (eine Einheit kann sich durchaus über mehrere Tage verteilen) ca. 30 Lernkarten produziert. Stecken Sie die 30 Karten in das Fach 1, so dass keine weitere Karte hineinpasst. Jetzt geht es los.

Wichtig bei der Erstellung der Karteikarten: Denken Sie daran, beide Gehirnhälften zu aktivieren! Zeichnen Sie auf eine Seite der Lernkarte etwas, die andere Seite beschriften Sie.

Startphase (Phase 1)

Nehmen Sie die vorderste Karte aus dem ersten Fach. In meinem Beispiel handelt es sich um die englische Vokabel für »Straßenbahn«.

Vorderseite

Rückseite

BE: tram

AE: street car

So gestalten Sie Karteikarten für den LKC.

Das Wort »Straßenbahn« heißt im britischen Englisch (BE) anders als im amerikanischen Englisch (AE). Die Vorderseite der Karteikarte zeigt das deutsche Wort. Die Angabe (2x) bedeutet, dass es zwei unterschiedliche Übersetzungen für das Wort gibt. Weiterhin ist ein **Tram**per zu sehen, der an einer Straße (engl.: **street**) steht, auf der gerade ein Auto (engl.: **car**) vorbeifährt. Dieses Bild symbolisiert bereits beide Übersetzungen, die auf der Rückseite stehen. Sie werden ein wenig Zeit brauchen, bis Sie sich an die »Bildersprache« (für die rechte Gehirnhälfte, erinnern Sie sich?) gewöhnen. Beispiele und Tips für die Lernkartenerstellung gebe ich Ihnen noch im nächsten Abschnitt. Aber wenn Sie erst einmal selbst so eine Lernkarte hergestellt haben, wissen Sie, was lernen heißt.

Angenommen, Sie nehmen nun diese erste Karte aus dem vordersten Fach, das ab sofort Startfach heißt, und erinnern sich an die Überset-

Es ist einer der spannendsten Augenblicke, wenn Sie die ersten selbst erstellten Karteikarten ins Startfach des Lernkartencomputers stecken und beginnen, diese Karten zu wiederholen.

zungen. Noch besser ist es natürlich, wenn Sie die entsprechenden englischen Wörter aufschreiben. Haben Sie also die beiden Übersetzungen gewusst, dann dürfen Sie die Karte in das hinterste Fach der zweiten Kästchenreihe stecken.

Die Verteilung der Karten

Jetzt ist die zweite Karte des Startfachs dran. Wissen Sie auch hier das englische Wort, dann stecken Sie diese Karte hinter die erste in der zweiten Kästchenreihe. Das geht so weiter, bis Sie an eine Karte gelangen, die Ihnen nicht mehr einfällt. Alles kein Problem. Sie stecken diese Karte einfach ganz hinten ins Startfach. Sie darf noch nicht in die zweite Reihe. Das machen Sie, bis Sie alle 30 Karten bearbeitet haben. Die Erfahrung zeigt, dass Sie nach dem ersten Durchgang des ersten Fachs mindestens 20 Vokabeln in das hinterste Fach der zweiten Reihe stecken können. Die anderen zehn Karten stecken noch im Startfach, weil sie nicht gelernt wurden.
Die Verteilung der ersten Karten ist jetzt also folgende: Die bereits gelernten Karten befinden sich im hinteren Fach der zweiten Reihe, die nicht gelernten Karten verbleiben im Startfach. Dann geht es mit dem Lernen weiter.

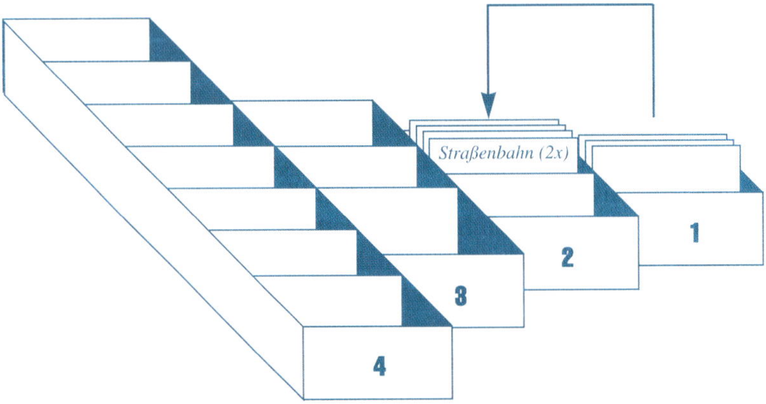

In der Startphase füllen sie die beiden ersten Reihen des LKC.

Nach dieser ersten »Fütterung« des LKC beginnt nun die Bearbeitung der nächsten Lerneinheit, aus der Sie beispielsweise wieder 30 Lernkarten produziert haben. Wie wird nun der LKC mit diesen neuen Karten gefüttert? Stecken Sie so viele neue Karten wie möglich hinter die zehn alten Karten ins Startfach. Beginnen Sie nun erneut mit der Abarbeitung. Die gelernten Karten wandern an die hinterste Stelle der zweiten Reihe. Die anderen dürfen das Startfach nicht verlassen. Sie werden dort nach hinten wegsortiert. Dieser Vorgang geht so lange weiter, bis das hinterste Fach der zweiten Reihe gefüllt ist. Nehmen Sie nun alle Karten dieses Faches, und stecken Sie sie komplett in das vordere freie Fach der zweiten Reihe. Nun können Sie den Lernvorgang fortführen, bis das nun freigeräumte Kästchen der zweiten Reihe voll ist mit Karten aus dem Startfach, die Sie gewusst haben. Das geistige »Wiederkäuen« der Informationen tritt nun in die nächste Phase.

Aufbauphase (Phase 2)

Die ersten beiden Kästchenreihen sind nun randvoll. Nehmen Sie nun alle Karten des vorderen Faches der zweiten Reihe heraus. Die Karten des hinteren Faches stecken Sie komplett in das vordere nun freie Kästchen. Die herausgenommenen Kärtchen sind jetzt noch einmal dran. Sie dürfen darauf gespannt sein, wie viele Vokabeln Sie noch wissen; schließlich ist es schon eine ganze Weile her, dass Sie sich die allererste Karte angesehen haben. Na, wie bezeichnet der Engländer eine Straßenbahn? Und der Amerikaner? Eines kann ich Ihnen versprechen: Die erste Karte, mit der Sie Ihren LKC füttern, werden Sie bestimmt nicht vergessen, ganz egal, wie schwer sie auch war.

Nach und nach werden die Karten in den Fächern abgearbeitet, also wiederholt und dadurch gelernt. Gelernte Karten rücken jeweils ein Fach weiter und machen so Platz für neue Lernkarten, die nachrücken.

Karteikarten, die nicht gelernt wurden, müssen zurück ins Startfach.

Bei der Wiederholung jetzt zeigt sich, ob Sie dem Kurzzeitgedächtnis ein Schnippchen geschlagen haben. Alle Karten, die Ihnen einfallen, stecken Sie in das hinterste Fach der dritten Reihe. Alle anderen – bitte gut merken – wandern erneut in das Startfach! Doch, doch. Informationen, die nicht gelernt wurden, sind dazu verurteilt, den ganzen Weg durch die Lerninstanzen erneut zu beschreiten.

Die weitere Abfolge der Informationsverarbeitung erfolgt nach dem bekannten Schema:

- Neu produzierte Lernkarten beginnen im Startfach.
- Ist eine Reihe komplett mit Karten gefüllt, wandern gelernte Informationen an die hinterste Stelle der nächsten Reihe. Alle anderen Karten dieser Reihe dürfen dann ein Fach nach vorn rücken.
- Lernkarten, die Ihnen nicht einfallen, stecken Sie zurück ins Startfach.
- Achten Sie darauf, dass beim Abarbeiten der vordersten Lernkarten immer genug freier Platz in der nächsten Reihe vorhanden ist.

Die Situation des LKC nach der Aufbauphase: Die ersten drei Reihen sind komplett mit Lernkarten gefüllt. Die Karten des vordersten Faches der dritten Reihe gelangen nun in die nächste Phase.

Vertiefungsphase (Phase 3)

Auch bei der Arbeit mit dem Lernkarten-computer gilt: Nehmen Sie sich nicht zu viel auf einmal vor. Arbeiten Sie lieber immer nur kleinere Einheiten ab, diese aber unbedingt regelmäßig.

Bestimmt haben Sie schon den Vorteil der modularen Aufbauweise jeder Reihe erkannt. Dadurch, dass Sie die Informationen fächerweise bearbeiten können, ist eine zeitliche Einteilung jedes Lernabschnittes möglich. Fällt Ihnen das Lernen an einem Tag besonders schwer, nehmen Sie sich einfach nur zwei oder drei Fächer vor. Das Gute daran ist, dass Sie problemlos Pausen einlegen können. Und Sie können immer genau an der Stelle weitermachen, an der Sie den LKC verlassen haben.

Nachdem nun die dritte Reihe gefüllt ist, nehmen Sie sich die Karten des ersten Faches heraus. Die Karten der hinteren Fächer stecken Sie jeweils ein Fach nach vorn. Im letzten Fach ist nun wieder Platz für die Karten aus dem vordersten Kästchen der zweiten Reihe. Die erste Karte dieses Stapels ist die englische Übersetzung für »Straßenbahn«. Fallen Ihnen noch die beiden Übersetzungen ein? Gut! Karten, die erfolgreich die Vertiefungsphase verlassen, dürfen Sie jetzt in das hinterste Fach der vierten und letzten Reihe stecken. Raten Sie mal, was mit den Karten geschieht, die Ihnen nach der Vertiefungsphase nicht mehr einfallen? Sie haben Recht. Diese Karten müssen zurück in das Startfach, so schwer es auch fällt! Aus welchen Gründen auch immer sind diese Informationen bisher nicht in der Lage gewesen, das Kurzzeitgedächtnis zu überwinden. Sie gelangen noch nicht in das Langzeitgedächtnis. Entweder Sie überdenken an dieser

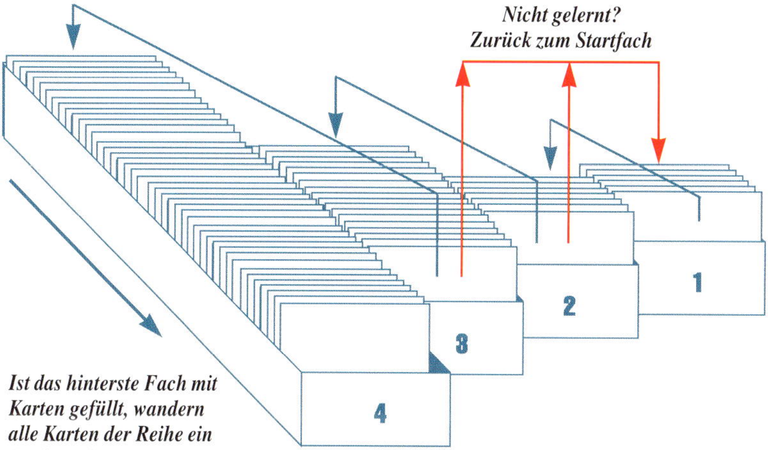

Die Wanderwege der Lernkarten durch den LKC.

Stelle noch einmal den Aufbau der Lernkarte (Ist die rechte Gehirnhälfte ausreichend mit einbezogen worden?), oder Sie werden die Karte noch häufig im Startfach wiederfinden. Sie wird dann so oft wiederholt, bis sie auswendig gelernt wurde.
Eines ist sicher: Sie werden unheimlich stolz und zufrieden sein, wenn Sie Lernkarten in die vierte Reihe stecken. Denn schließlich ist es schon eine ganze Weile her, dass Sie diese Karten produziert haben. Sie dürfen gespannt darauf sein, was Sie nach dieser Phase noch wissen. Mit jeder weiterwandernden Karte dürfen Sie sich sagen: »Super. Das hast du sehr gut gemacht!« Dieses Lob haben Sie sich verdient.

Sie werden erstaunt sein, wie effektiv sich mit dem Lernkartencomputer Ihr Wissen erweitern lässt. Durch das portionsweise Erstellen und Lernen der Karteikarten erreichen Sie mit kleinen Schritten große Erfolge.

Endphase (Phase 4)

Jetzt ist es geschafft! Ihr Lernkartencomputer ist vollständig mit Karteikarten gefüllt. Angenommen, Sie haben im Durchschnitt fünf Lernkarten am Tag produziert. Bei 15 Fächern des LKC, die jeweils ca. 30 Karten Platz bieten, bedeutet das eine Gesamtzahl von 450 Karten. Dafür haben Sie etwa 90 Tage benötigt. Es ist also gut drei Monate her, dass Sie den LKC mit der ersten Information gefüttert haben. In unserem Beispiel wäre das die englische Übersetzung für »Straßenbahn«. Stellen Sie sich vor, Sie nehmen die ersten Kartei-

Die Lernkarten, die erfolgreich alle Fächer des Lernkarten-computers durchlaufen haben, sind gelernt. Selbst nach langer Zeit werden Sie sich noch an die Informationen erinnern, die Sie auf diesen Karten notiert haben.

karten aus dem vordersten Fach der vierten Reihe und beginnen mit der Lernkontrolle. Was für ein Gefühl! Jede Wissensabfrage wird nun zum Erlebnis. Informationen, die Ihnen jetzt noch einfallen, sind gelernt worden und fest im Langzeitgedächtnis verankert. Schließlich liegen bei dem angenommenen Lernpensum drei Monate zwischen erstellter Karte und letztmaliger Wiederholung. Gönnen Sie sich deshalb noch einmal einen letzten Blick auf diese Karten, und verstauen Sie sie gut in Ihrem Archiv. Bei Fremdsprachen bietet es sich nämlich

Erinnern Sie sich noch?

0 = **Z**ero oder Regenwa**ss**er (s oder ss)
1 = Run**dd**ach (d oder t)
2 = Lippe**n** (n)
3 = Dreieckige Pyra**m**ide (m)
4 = F**r**ühling, Somme**r**, He**r**bst, Winte**r** (r)
5 = Rechte Hand mit abgespreiztem Daumen (l)
6 = **Sch**metterling oder **Sch**nürsenkel (sch oder g)
7 = **K**oloss von Rhodos (k bzw. ck)
8 = Designer**v**ase (f oder v)
9 = **B**rille (b oder p)

an, nach einigen Jahren die Karten noch einmal durch den LKC zu schicken. Allerdings gilt auch bei dieser Phase der entscheidende Grundsatz: Nicht gelernte Karten müssen zurück zum Ausgangspunkt, also ins Startfach!

Können Sie alle Fragen beantworten, ohne zurückzublättern?

- Wie viele Fächer hat insgesamt der Lernkartencomputer?
- Wie viele Karteikarten der Größe DIN A8 lassen sich aus einer DIN-A4-Seite herstellen?
- In welches Fach des LKC wandern neue bzw. nicht gelernte Karteikarten?
- Nach welcher Phase verlässt eine Karteikarte den LKC?
- Wie groß sollte die Anzahl der Karteikarten sein, die in ein Fach des LKC passen?

- Wie lauteten die englischen Vokabeln (2x) für »Straßenbahn«?
- Wenn das hinterste Fach einer Reihe mit Karteikarten gefüllt ist, was geschieht dann mit den Karten dieses Fachs?

Gelernte Karten aus der vierten Reihe können Sie getrost archivieren. Sie sind im Langzeitgedächtnis gespeichert.

Mit jeder Karte, die den LKC in Zukunft verlässt, erhöht sich Ihr Gesamtwerk an gelernten Informationen. Wenn Sie das Lernpensum beispielsweise auf zehn Karten pro Tag erhöhen, sammeln sich im Jahr insgesamt 3 600 neu gelernte Informationen an. Bedenken Sie, dass Sie bereits mit ca. 1 000 Vokabeln einer Fremdsprache eine ganz normale Unterhaltung führen können. Wer beharrlich ist und systematisch vorgeht, kann also viel erreichen.

Wenn Sie eine Zeit lang mit dem Lernkartencomputer gearbeitet haben, lässt sich Ihr Wissen eindrucksvoll mit den abgelegten also gelernten Karteikarten demonstrieren.

Zusammenfassung

Die entscheidenden Überlegungen und Vorteile des LKC noch einmal im Überblick:

- Mit Hilfe des LKC werden Sie beim Lernen aktiv. Die fächerweise Bearbeitung der Informationen erzeugt Motivation und macht Spaß.
- Der Einsatz von Lernkarten bezieht beide Gehirnhälften in den Lernprozess mit ein und berücksichtigt die Filtereigenschaften der zeitlichen Gehirnorientierung. Es werden »Turbos« beim Lernen dazugeschaltet, und die Informationen werden »ausgeatmet«.
- Lerntempo und Informationsfülle lassen sich Ihrem persönlichen Lebens- und Arbeitsrhythmus anpassen. Sie können beliebig lange Pausen und Unterbrechungen einlegen, ohne den Faden zu verlieren.
- Durch Anwendung von farblich unterschiedlichen Karteikarten lassen sich mit dem LKC Informationen mühelos auch parallel verarbeiten.
- Sie schaffen sich ein Gesamtwerk, dessen Informationszuwachs Sie beobachten können.

GEDÄCHTNIS-FITNESS FÜR DEN ALLTAG

Albert Einstein behauptete einmal, dass der Mensch höchstens zehn Prozent seines geistigen Potenzials nutzt. Den Grund sah er darin: Der Mensch lässt sein Gehirn wie einen schlaffen Muskel hängen. Fragt man Hochleistungsdenker wie beispielsweise den Gedächtnisweltmeister Dominic O'Brien nach dem Geheimnis ihres Erfolgs, erhält man immer die gleiche Antwort: Training, Training und nochmals Training.

Gehirnjogging

Die 14 erfolgreichen Tricks

Um das Gedächtnis richtig in Schwung zu bringen, haben Wissenschaftler ein spezielles Trainingsprogramm entwickelt, das sogenannte Gehirnjogging. Ziel des Gehirnjoggings ist es, durch tägliche kleine Übungen die allgemeine Leistungsfähigkeit des Gehirns zu verbessern. Vergleichen Sie das mit dem Sport. Um Höchstleistungen zu erzielen, ist ein intensives Trainingsprogramm zu absolvieren. Keine Angst, Sie müssen jetzt nicht stundenlang Ihre Gehirnzellen strapazieren. Es droht auch kein geistiger Muskelkater. Sie können aber durch kleine Knobelaufgaben, Gedächtnisspiele, Wort- bzw. Zeichenaufgaben und Lernübungen die Fitness Ihres Gedächtnisses erheblich verbessern. Schon nach kurzer Zeit merken Sie, wie Sie die Fülle von Informationen, die täglich auf Sie einstürmen, besser verarbeiten. Ihr Erinnerungsvermögen wächst, Sie verbessern Ihre Konzentrationsfähigkeit und steigern Ihre gedankliche Reaktionszeit merklich.

Nicht das Altern, mangelnde Fitness ist der Grund für ein schlechtes Gedächtnis. Bleiben Sie in Form, indem Sie täglich ein paar Joggingeinheiten fürs Gehirn absolvieren. Solche Denksportaufgaben machen Spaß und halten fit.

Sehr verbreitet ist das Gehirnjoggingprogramm nach der Fischer-Lehrl-Methode. Hierbei wird in täglich fünf mal fünf Minuten Training mit kleinen Gedankenübungen und -spielen gearbeitet. Sie können sich genauso gut Ihr eigenes Gehirnjoggingprogramm erstellen. Dazu zeige ich Ihnen 14 erfolgreiche Tricks, mit denen Sie die gewaltige Kapazität Ihres Geistes besser ausschöpfen können. Trainieren Sie täglich. Es lohnt sich.

In Kategorien und Strukturen denken

Gut sortiert ist halb kapiert. So lautet eine alte Schülerweisheit. Ordnen Sie Informationen in Strukturen. Wenn Sie sich z. B. Witze nicht merken können, liegt das an einer fehlenden Systematik. Warum teilen Sie Witze, die Sie behalten wollen, nicht nach Kategorien ein, etwa in Tierwitze, Reimwitze, Kinderwitze, Ostfriesenwitze, Politikwitze oder Sexwitze? Wie eine angewandte Systematik hilft, zeigt der folgende Versuch.

Durch das Kategorisieren schaffen Sie Strukturen, die die Verknüpfung zu den anderen Begriffen eines Bereichs erleichtern. Sie erinnern sich dadurch an deutlich mehr Begriffe.

Bitte nehmen Sie eine Uhr, und schauen Sie sich zwei Minuten lang die nachfolgenden 16 Wörter an.

SCHUH	HASE	SEIL	NASE
AMSEL	GITARRE	KARTOFFEL	VIOLINE
TOMATE	ROSE	ZIEGE	TULPE
KATZE	NELKE	GURKE	TROMMEL

Fertig? Gut. Decken Sie nun die Wörter mit einem Blatt Papier ab, und schreiben Sie auf die vier Linien die Wörter auf, die Sie sich in den zwei Minuten merken konnten.

Führen Sie nun den gleichen Versuch mit den nachfolgenden 16 Wörtern durch.

PFIRSICH	SCHUH	TRAM	GELB
KIRSCHE	HEMD	AUTO	ROT
APFEL	HOSE	FAHRRAD	SCHWARZ
BIRNE	JACKE	BUS	GRÜN

Behaltene Wörter:

Ist es Ihnen aufgefallen? Allein durch eine Sortierung der Wörter nach Gebieten haben Sie deutlich mehr Begriffe behalten!

Wenn Sie Begriffe miteinander verbinden und Oberbegriffe finden, erhöhen Sie Ihre Gedächtnisleistung.

Manchmal ist es gar nicht einfach, eine geeignete Kategorie zu finden.
Hierzu gebe ich Ihnen ein Beispiel:

DOLLAR	BEATLES	AUDI	SCHACH
STERN	MÜHLE	MERCEDES	LIRA
SPIEGEL	BAP	HEINO	FREUNDIN
EURO	LADA	SKAT	DART
BILD	BRAVO	SCHEKEL	WHO
BILLIARD	BMW	FLIPPERS	FORD
KRONE	WELT	DOPPELKOPF	MARK
MOZART	OPEL		

Versuchen Sie zuerst, sich innerhalb von zwei Minuten möglichst viele Begriffe zu merken, ohne dass Sie zuvor Sortierungskategorien zu entdecken versucht haben.
Gemerkte Wörter vor Sortierung:

Ordnen Sie nun die 30 Begriffe in passende Kategorien – es sind - fünf – ein. Schreiben Sie alle Begriffe sortiert auf, und führen Sie erneut den Merktest durch. Hat sich nun die Anzahl der behaltenen Wörter erhöht? Natürlich! Übrigens: Die genaue Aufschlüsselung finden Sie im Lösungsanhang auf Seite 188.
Gemerkte Wörter nach Sortierung:

Trauen Sie sich auch an eine schwierige Aufgabe? Schauen Sie her:

STÄN	TO	AN	SCHORN
BE	RISCH	DI	GAR
DER	STEIN	IMPO	GUNG
GE	OB	GER	KÜN
FE	LI	HA	BEN
RO	NIER	GA	DE

Setzen Sie fünf Begriffe aus den Silben zusammen.
Auch zu dieser Aufgabe befindet sich die Lösung im Anhang.

Versuchen Sie, bei kleineren Besorgungen in Zukunft ohne Einkaufszettel auszukommen und sich mehr auf Ihr Gedächtnis zu verlassen.

Tägliche Übungsmöglichkeiten

- Strukturieren Sie Besorgungen und Einkäufe. Erstellen Sie in Ihrer Phantasie Abteilungen für bestimmte Gegenstände. Bei Lebensmitteln können Sie z. B. so vorgehen:

Zu besorgende Lebensmittel	Abteilung
Orangensaft Milch Essig und Öl Wein Mineralwasser	Flüssigkeiten
Paprikaschoten Kartoffeln Salat Äpfel Champignons usw.	Obst und Gemüse

Für den Einkauf brauchen Sie sich nur zu merken, dass Sie fünf Dinge aus Ihrer Abteilung »Flüssigkeiten« und fünf Sorten aus der Abteilung »Obst und Gemüse« besorgen müssen.

Wie viele Details dieses Bildes können Sie sich innerhalb von zehn Sekunden merken?

Beobachtungstraining

Schärfen Sie Ihre visuelle Aufmerksamkeit. Denken Sie z.B. an den Marktplatz Ihrer Stadtgemeinde, und schreiten Sie ihn gedanklich ab. Versuchen Sie, sich an alle Details zu erinnern. Welches Gebäude befindet sich neben dem Rathaus? Wie sind die Fensterbänke dekoriert, die Häuser beschildert und die Wände strukturiert?

Sie können aber auch so üben: Betrachten Sie sich die abgebildete Postkarte etwa zehn Sekunden lang.

Decken Sie nun das Bild zu, schließen Sie für einige Sekunden die Augen, und rufen Sie sich das Bild vor Ihr geistiges Auge. Können Sie jetzt folgende Fragen beantworten?

- Welche Kaufhäuser sind auf dem Bild zu erkennen?
- Welche Farbe hat die Kirche?
- Wie spät ist es auf der Kirchturmuhr
- Stehen Taxis am Taxistand?
- Welche beiden öffentlichen Verkehrsmittel sind noch angezeichnet?

Testen Sie Ihre optische Aufnahmefähigkeit durch genaues Beobachten. Prägen Sie sich so viele Details wie möglich ein, oder finden Sie gemeinsame Strukturen. Dieser genaue Blick hilft Ihnen, Sachverhalte schneller zu begreifen und besser zu behalten.

Eine andere Übung lässt sich auch gut mit einem Partner durchführen. Betrachten Sie sich einige Sekunden lang irgendein Bild aus der Tageszeitung, einer Illustrierten oder eines Buchs. Ihr Partner fragt Sie dann über das Bild aus.

Wortfindungen mit Anagrammen

Schauen Sie sich den abgebildeten Buchstabenblock an. Suchen Sie jeden Tag nach drei Wörtern mit mindestens drei Buchstaben. Bilden Sie dabei aus benachbarten Buchstaben ein Wort. Gehen Sie dabei in Gedanken alle Richtungen ab (senkrecht, waagerecht, diagonal). Ich zeige Ihnen ein Beispiel. Die Linien führen zu dem Wort »GABEL-STAPLER«.

A	B	E	Y	F	O	B	N	N	Q	E	I
E	R	L	O	W	D	V	C	H	S	A	D
Z	I	P	A	F	F	G	N	L	Z	W	D
S	X	A	T	B	E	I	A	L	L	M	T
A	J	I	T	L	M	D	B	S	C	F	I
Q	B	F	Z	S	L	E	D	V	U	G	Q
E	F	S	O	W	D	V	C	H	S	A	D
D	D	T	H	C	V	K	S	F	G	O	P
M	J	K	O	L	E	E	F	R	T	T	B
V	S	E	U	Q	Z	I	O	F	B	N	I
E	W	G	H	P	F	V	B	N	M	A	A
A	S	D	F	E	H	J	K	L	O	W	R

Das Nützliche mit dem Angenehmen verbinden – so lassen sich selbst schwierige Zusammenhänge schneller begreifen. Finden Sie für alles, was Sie sich merken wollen, etwas Angenehmes als Gedächtnisanker.

Gesichter und Namen speichern

Ein Trick, mit dem ich Sie schon vertraut gemacht habe. Assoziieren Sie Namen und markante Gesichtszüge mit Bildern. Hilfreich ist auch, wenn Sie z. B. Beruf, Neigungen oder Hobbys Ihres Gesprächspartners kennen. Oder Sie bemerken ein besonderes Verhalten der Person (zuckt mit der Nase, redet ohne Unterlass, ist immer ungekämmt, usw.). Hier einige Beispiele:

- Herr Schulz ist von Beruf Bäcker und begeisteter Fußballanhänger. Er hat eine runde Gesichtsform.

Assoziationsmöglichkeit: Stellen Sie sich vor, der Kopf von Herrn Schulz ist ein Fußball, den ein **Schül**er **z**igmal in eine Bäckerei schießt.

- Frau Bandinet ist Systemanalytikerin in einer Computerfirma. Sie liest in ihrer Freizeit gern Krimis.
Assoziationsmöglichkeit: In Ihrer Phantasie stellen Sie sich vor, wie Frau Bandinet als Chefin einer Computer**bande** im Inter**net** Komplizen für den nächsten Coup sucht.

Nur wenn Sie sich Ihre im Kopf gefundenen Assoziationen auch bildhaft vor Augen führen, speichern Sie dauerhaft Namen und Gesicht einer Person. Wollen Sie neben einer genauen Aussprache des Namens auch die exakte Schreibweise lernen, empfiehlt sich eine Einteilung der Namen in:

- Häufig verwendete Namen
- Gebräuchliche Namen mit Abweichungen
- Seltene Namen

Gleich klingende Namen, die unterschiedlich geschrieben werden, sind eine besondere Herausforderung für die Gedächtnisleistung. Nicht zuletzt muss die Schreibweise auch der richtigen Person zugeordnet werden.

Nehmen wir einmal an, Sie möchten sich die Namen von Herrn Grundmann und Herrn Grundtmann merken. Folgende Speichermöglichkeiten lassen sich für die gleich klingenden, aber unterschiedlich geschriebenen Namen finden:

Herr Grundmann

Während Sie in einem karibischen Gewässer nach seltenen Muscheln tauchen, sehen Sie, wie ein **Mann** auf dem Meeres**grund** spazieren geht. Sie staunen nicht schlecht, als Sie bemerken, dass es sich um Herrn Grundmann handelt.

Herr Grundtmann

Wieder stellen Sie sich einen **Mann** vor, der auf dem Meeres**grund** spazieren geht. Diesmal bemerken Sie, dass Herr Grundtmann eine Harpune bei sich hat und Sie damit angreifen will. In panischer Angst ergreifen Sie schnell die Flucht. »Mensch«, sagen Sie, »die Harpune hat ja eine merkwürdige Form, so eine habe ich noch nie gesehen. Sie sieht ja aus wie ein kleingeschriebenes ›t‹!«

Das Gespräch suchen

Diese Beispiele hören sich vielleicht ein bisschen verrückt an, aber unterschätzen Sie nicht die Leistungsfähigkeit dieser Namensspeicherung. Benutzen Sie Ihre Phantasie, und wenden Sie die Namen auch aktiv, z. B. während eines Telefonats, an. Nehmen Sie sich vor, den Namen Ihres Gesprächspartners mindestens dreimal korrekt auszusprechen. Wenn Sie eine Visitenkarte überreicht bekommen, schauen Sie sie sorgfältig an. Bitte nicht sofort in der Jackentasche verschwinden lassen – Sie wollen doch höflich sein. Sprechen Sie den Namen sorgfältig aus. Vielleicht entdecken Sie irgendwelche Besonderheiten. Häufig bietet der Name bereits einen guten Anlass, ein Gespräch zu beginnen:

»Schön, Sie kennenzulernen, Frau Düvier (gesprochen: Düwiee). D-ü-v-i-e-r! Habe ich Ihren Namen richtig ausgesprochen? Mein Name ist Kruppa, wie Krupp in Essen, nur mit einem a dran. Dem Namen nach scheinen Sie interessante Vorfahren zu haben. Stammt er aus einer französisch sprechenden Gegend? Bemerkenswert, dass sich im Laufe der Zeit beim Namen Düvier die sprachliche Ausdrucksweise nicht der Schreibweise angepasst hat, finden Sie nicht auch? Beim Namen Kruppa ist es so, dass … usw.«

Wie Sie bereits erfahren haben, überspringen Sie die Hürden des Ultrakurzzeit- und sogar des Kurzzeitgedächtnisses schon allein dadurch, dass Sie sich länger als 20 Sekunden bzw. 20 Minuten mit dem Namen einer Person auseinandersetzen.

Sie merken schon, dass es von Vorteil ist, ein wenig über den eigenen Namen zu wissen. Vielleicht forschen Sie einmal nach Ihren eigenen Vorfahren und Herkunftswurzeln. Besitzt Ihr Gegenüber einen seltenen oder schwer auszusprechenden Namen, bitten Sie ihn freundlich um eine Korrektur der Aussprache. Jeder, der einen komplizierten Namen hat, wird Ihnen für eine perfekte Anrede dankbar sein. Sie möchten doch auch richtig angesprochen werden, oder?

Der Wiederholungseffekt

Das mehrfache Wiederholen des eigenen Namens hinterlässt auch einen bleibenden Eindruck beim Gesprächspartner. Ein unbedingtes Muss bei der Anbahnung von Geschäftskontakten oder der Kundenbetreuung. Empfangen Sie zu Hause oder im Büro häufig Geschäftspartner, können Sie Ihren Namen und Ihre Adresse durch Herstellung einer Anschriftencollage interessant machen. Sammeln Sie hierzu die im Laufe eines Jahres erhaltenen Briefumschläge mit Ihrer fehlerhaften Anschrift. Fertigen Sie daraus eine Collage an, und hängen Sie sie gut sichtbar in den Eingangsbereich Ihrer Wohnung bzw. Ihres Büros. Sie glauben gar nicht, wie viel Zeit ein Besucher vor einem solchen »Kunstwerk« verbringt. Probieren Sie es aus.

Namen zerlegen

Längere oder zusammengesetzte Namen können Sie auch zerlegen und sich zu den einzelnen Begriffen eine Assoziationsmöglichkeit überlegen. Verknüpfen Sie die erzeugten Bilder zu einer Geschichte oder zu einem absurden bzw. grotesken Gedankengang. Denken Sie z.B. an den Namen der ehemaligen Justizministerin, Frau Leutheuser-Schnarrenberger. Er lässt sich in »Leut« (wie läuten), »heuser« (klingt wie Häuser), »Schnarren« (z.B. eine defekte Türklingel) und »berger« (Berge oder Gebirge) aufsplitten. Stellen Sie sich vor, wie die Ministerin auf ihrer Wahlkampftour alle **Häuser** Ihrer Heimatstadt aufsucht. Schließlich kommt Sie auch zu Ihrem Haus. Sie **läutet** so heftig an Ihrer Wohnungstür, dass die Klingel nur noch ein leises **Schnarren** von sich gibt. Da Sie ihr nicht öffnen, schaut sie enttäuscht auf die **Berge** von Wahlkampfbroschüren, die sie noch verteilen will.
Hier noch weitere Beispiele.

Lassen Sie Ihrer Phantasie freien Lauf, wenn Sie versuchen, Namen zu »sezieren«; achten Sie vor allem bei ungewöhnlichen Namen auf die klangliche Assoziation.

Herr Mühlnickel

Der Name lässt sich in »Mühl« (fast wie Mühle) und »nickel« zerlegen. Stellen Sie sich Herrn Mühlnickel mit einer riesengroßen Nickelbrille vor. Durch eine Unachtsamkeit fällt die Brille unter einen Mühlstein, von dem sie vollständig zermalmt wird. Merken Sie sich einfach:
»**Mühle** zermalmt **Nickel**brille!«

Frau Waldenfuß

»Walden« klingt wie Waden. Mit ein wenig Phantasie kann man sich vorstellen, wie Frau Waldenfuß ihre verspannten Waden mit einem Fußabstreifer massiert. Warum merken Sie sich nicht diese kleine Episode in Reimform?
»Ihre **Wa(l)den** werden gar nicht steifer,
sieht sie ’nen schönen **Fuß**abstreifer!«

Frau Böegel
»Böe« lässt sich leicht mit einer Windböe assoziieren und im Wort »Segel« befindet sich der zweite Teil des Namens. Denken Sie an ein Segelboot, auf dem sich Frau Böegel befindet. Sturmböen bringen es fast zum Kentern. Durch den Wellengang wird Frau Böegel immer wieder durchgeschüttelt. »Wind**böe** schüttelt Se**gel**boot!«

Assoziationen finden

Schreiben Sie von den Leuten, die Sie neu kennen gelernt haben, die Namen auf, und versuchen Sie, sie fließend rückwärts zu lesen und auszusprechen.

Sprechen Sie den Merksatz laut vor sich hin. Betonen Sie die zum Namen gehörenden Silben besonders intensiv.
Jetzt sind Sie wieder an der Reihe. Finden Sie eigene Assoziationsmöglichkeiten, um sich die Namen der folgenden Personen einzuprägen (meine Vorschläge hierzu können Sie im Anhang auf Seite 188 nachlesen). Behalten Sie dabei immer die erzeugten Bilder vor Ihrem geistigen Auge.

1. Person: Herr Peters ist diplomierter Wirtschaftsingenieur und angelt gern in seiner Freizeit. Er ist verheiratet und hat eine vierjährige Tochter. Außerdem kümmert er sich intensiv um den Garten.
Ihre gedanklichen Assoziationen:

2. Person: Frau Kubalski spielt gern Tennis und ist erfolgreiche Abteilungsleiterin in einem Versandhaus.
Ihre gedanklichen Assoziationen:

3. Person: Herr Dr. Bickelmann ist Zahnarzt und starker Raucher. Seine Frau und er machen gern in den Bergen Urlaub.
Ihre gedanklichen Assoziationen:

Vokabeln mit Musik lernen

Tricksen Sie Ihre linke Gehirnhälfte aus, wenn Sie eine Fremdsprache lernen. Verbinden Sie das Angenehme mit dem Nützlichen. Besorgen Sie sich möglichst viele Texte von Musiktiteln, die Sie mögen, in Ihrer Wunschsprache, und übersetzen Sie sie. Dann versuchen Sie, sich in die Lage des Komponisten bzw. Texters zu versetzen. Was mag ihn wohl dazu bewegt haben, diesen Text zu schreiben? Was fühlte er möglicherweise dabei? Was möchte er seinen Zuhörern mit dem Text mitteilen?

Namen- und Gesichtersuche

Auf einer Messe treffen Sie nach langer Zeit einen wichtigen Kunden wieder. Sein Name fällt Ihnen jedoch nicht sofort wieder ein. In dieser Situation können Sie mit Hilfe zweier verblüffend einfacher und zuverlässiger Methoden den Abruf gespeicherter Namen und Gesichter erheblich verbessern.

Wenn Sie sich partout nicht an den Namen eines Menschen erinnern, aber wissen, dass Sie ihn kennen, geben Sie es freimütig zu. Langes Herumdrucksen oder das Nennen eines falschen Namens hinterlässt einen schlechten Eindruck.

Alphabetsuche

Gehen Sie in Gedanken das Alphabet durch. Überlegen Sie bei jedem Buchstaben, welche zwei bis drei Personen Ihnen spontan dazu einfallen. Meistens findet man so den gesuchten Namen. Sie können auch eine schnellere Variante versuchen. Sagen Sie gedanklich das Alphabet auf. Meistens stockt man beim Anfangsbuchstaben des gesuchten Namens und erinnert sich.

Situationssuche

Wann, wo und warum haben Sie die Person das letzte Mal getroffen? Versuchen Sie, sich daran zu erinnern. Denken Sie an die mögliche Tageszeit (morgens, abends), an den Ort der Zusammenkunft (Büro, Sportveranstaltung, Restaurant), an wichtige Termine (Geburtstag, Jubiläen, Seminare usw.) oder an besondere Umstände (Sturm, Unfall). Ziehen Sie auch unangenehme Episoden in Ihre Überlegungen mit ein. War es vielleicht ein unzufriedener Kunde, eine aufdringlicher Geschäftspartner oder ein unhöflicher Seminarteilnehmer? Vermeiden Sie in jedem Fall, Ihrem Gegenüber eine gemeinsame Begegnung anzudichten, an die er sich nicht erinnert. Sie machen sich dadurch unbeliebt.

Binden Sie die rechte Gehirnhälfte durch zusätzliche Aktivitäten in den Gedankenprozess ein. Wenn Sie Vokabeln lernen, versuchen Sie die Bedeutung in eine aktive Handlung umzusetzen. Heißt es z. B. »I go to the door«, dann gehen Sie auch tatsächlich zur Tür. Sprechen Sie dabei den Satz mehrmals laut und deutlich aus. Natürlich kann man nicht jede Handlung aktiv – also körperlich – umsetzen. Aber Sie können sich gedanklich in die Situation hineinversetzen. Bei »when tears are in your eyes« fällt es Ihnen sicher nicht schwer, sich vorzustellen, wie Sie um Ihre erste große Liebe Tränen vergossen haben.

Kniffeln, Knobeln, Kreuzworträtsel

Versuchen Sie, die Denksportaufgaben in Magazinen zu lösen. Schauen Sie sich die Lösungen der Aufgaben an, und kommen Sie so hinter den Dreh, wie man sie am besten angeht.

Wecken Sie Ihre grauen Zellen durch kleine Denksportaufgaben, wie sie in jeder Zeitschrift stehen.
Hier Beispiele dazu.
Die abgebildeten Buchstaben stehen für Zahlen. Gleiche Buchstaben sind auch gleiche Zahlen. Finden Sie die zugehörigen Zahlen, damit die Rechnungen – sowohl senkrecht als auch waagerecht – aufgehen. Die Lösung finden Sie im Anhang auf Seite 188.

Beispiel 1:

$$\begin{array}{ccccc} W & + & X & = & KL \\ \overline{P} & + & \overline{Y} & = & \overline{G} \\ K & + & W & = & Y \end{array}$$

Beispiel 2: Können Sie auch die folgende Aufgabe nach dem gleichen Prinzip lösen?

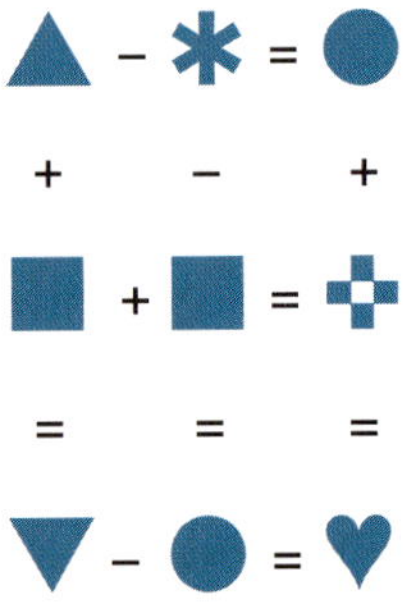

Beispiel 3: Welcher Spruch verbirgt sich hinter diesem Buchstabenkreis?

Beispiel 4: Ein Konditor verkauft eine würfelförmige Schachtel mit neun Mozartkugeln für 10 DM. Sein Konkurrent versucht mit einem ähnlichen Angebot, die Kundschaft zu locken. Er preist die gleich große Schachtel mit nur einer Mozartkugel, die so groß ist, dass sie genau in die Schachtel passt, für 8 DM an. Bei welchem Konditor machen Sie das bessere Geschäft?

Manche Aufgaben haben einen positiven Nebeneffekt fürs alltägliche Leben, was schnellere Umrechnungsfertigkeiten und manche Informationen angeht.

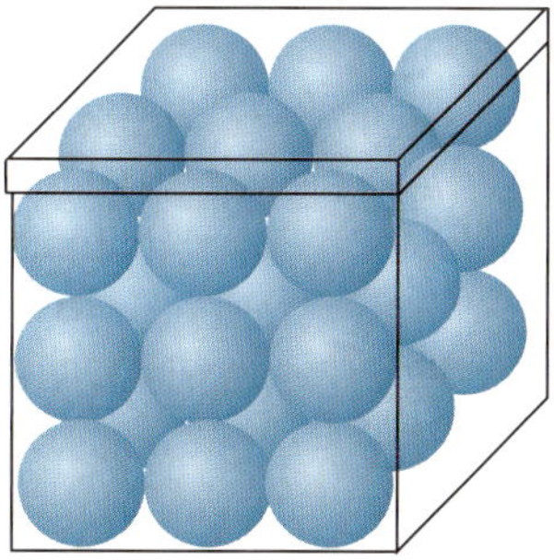

Schachtel mit neun Mozartkugeln.

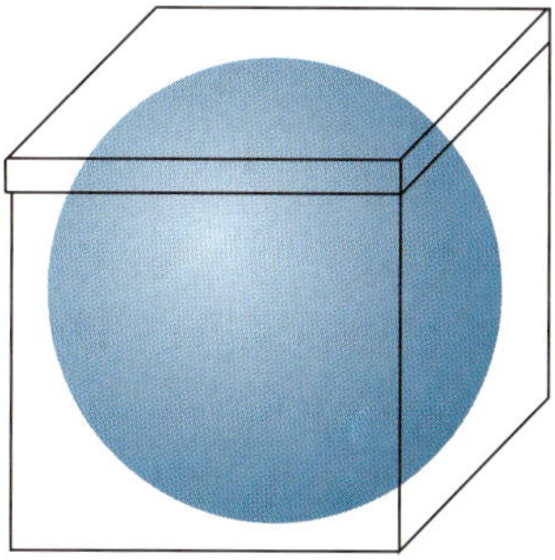

Schachtel mit einer Mozartkugel bei gleich großer Schachtel.

Beispiel 5: Hier eine »Kopfnuss« für mathematisch Interessierte. Setzen Sie zwischen die Zahlen die Zeichen der Grundrechenarten; »+« für Addition, »–« für Subtraktion, »x« für Multiplikation und »:« für Division. Außerdem dürfen Sie Klammern benutzen und bei Bedarf auch den Kehrwert bilden (Kehrwert bedeutet 1 geteilt durch das Ergebnis). Nach dem Einfügen müssen alle Gleichungen stimmen. Die Reihenfolge der Zahlen darf nicht geändert werden.

Wenn Sie großen Spaß am Lösen mathematischer Aufgaben haben, versuchen Sie sich doch einmal daran, selbst solche »Kopfnuss-aufgaben« zu erstellen.

2	4	6	8	=	0
2	4	6	8	=	2
2	4	6	8	=	4
2	4	6	8	=	6
2	4	6	8	=	8
2	4	6	8	=	10
2	4	6	8	=	12
2	4	6	8	=	14

Beispiel 6: Die vorgegebenen Buchstaben, Zahlen und Symbole ergeben eine logische Kette. Ergänzen Sie zu jeder Anordnung das noch fehlende Glied.

a) A B C D ......
b) 1 2 3 5 8 ......
c) XXX XXY XXZ XYX ......
d) 1 2 3 6 9 ......
e) A F K P U ......
f) Eis Sie Regal Lager Mit ......
g) 0000 0001 0010 0011 0100 ......
h) 1 2 4 7 11 ......
i) und und Recht Einigkeit ......
j) 100.00 110.00 121.00 133.10 146.41 ......

k)  ......

l)  ......

m)  ......

n)  ......

Beispiel 7: In dieser Aufgabe sollen Sie entscheiden, aus welchen Teilfiguren sich eine vorgegebene Figur zusammensetzt.

Räumliches Sehen und Kombinationsfähigkeiten schulen Sie durch Perspektivenwechsel. Dabei ergeben sich überraschende Ansichten, die es richtig einzuordnen gilt.

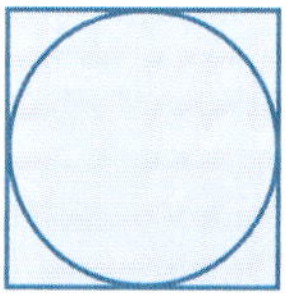

Figur A

Teilfigur a) b) c) d) e)

Die Figur A setzt sich aus .... zusammen.

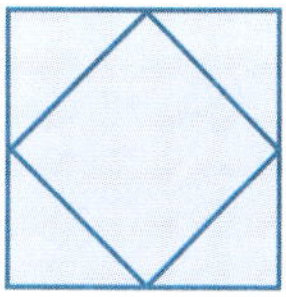

Figur B

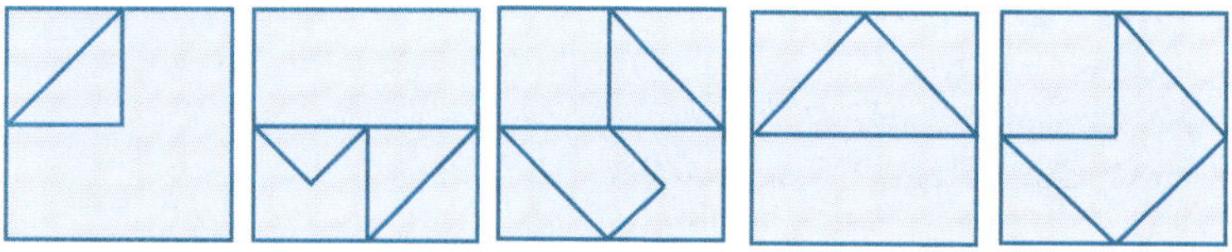

Teilfigur a) b) c) d) e)

Die Figur B setzt sich aus .... zusammen.

Beispiel 8: Konstruieren Sie sich ein eigenes Kreuzworträtsel! Eine Übung, die übrigens immer öfter im Schulunterricht benutzt wird, um bestimmte Sachbegriffe spielerisch zu lernen. Überlegen Sie sich sechs Wörter mit jeweils sieben Buchstaben, die in das vorgegebene Schema passen. Zu jedem gefundenen Wort können Sie sich dann eine Frage überlegen. Fertig ist Ihr persönliches Kreuzworträtsel.

So könnte ein Kreuzworträtsel aussehen, das Sie selbst gemacht haben.

Eine gelungene Geburtstagsüberraschung ist das persönliche Kreuzworträtsel mit den verschlüsselten Eigenheiten des Jubilars.

Der besondere Tip: Wollen Sie jemandem zum Geburtstag oder einem anderen besonderen Anlass ein persönliches Geschenk überreichen? Recherchieren Sie markante Begriffe über die betroffene Person (z. B. Berufsbezeichnung, Kosenamen, Namen von Verwandten und Bekannten, Lieblingsessen, Vorbilder, Hobbys usw.). Konstruieren Sie daraus ein Kreuzworträtsel. Nummerieren Sie dabei einige Felder, die ein Lösungswort ergeben. Ist die richtige Lösung gefunden worden, können Sie dann als Preis das eigentliche Geburtstagsgeschenk überreichen.

Beispiel 9: Bilden Sie aus den 21 abgebildeten Wortpaaren eine zusammenhängende Wortkette, so dass sich sinnvolle Kombinationen ergeben. So entsteht beispielsweise aus dem zweiten Teil des Wortes »WASSERSPIEGEL« und dem ersten Teil des Wortes »EILAND« der Begriff »SPIEGELEI«. Schaffen Sie es, alle 21 Wörter miteinander zu kombinieren?

Beschriften Sie selbst kleine Kärtchen mit Wortpaaren, oder lassen Sie Freunde und Bekannte Wortpaare auf die Kärtchen schreiben, die Sie dann mischen und aus denen Sie neue Wortkombinationen zusammenzusetzen versuchen.

- Pflanzengarten
- Weitblick
- Kuhmilch
- Bräuhaus
- Wasserspiegel
- Platzregen
- Binnensee
- Kartenspiel
- Gusseisen
- Blattspinat
- Kontaktanzeigen
- Speiseeis
- Gerätewart
- Bahnhof
- Bundhosen
- Trägergerüst
- Eiland
- Stundenkilometer
- Arbeiterviertel
- Türschlüssel
- Burgverlies

Wortpaare für die Wörterkette. *Die Lösung finden Sie auf Seite 189.*

Kleine Denkübungen

Auf keinen Fall sollten Sie sich zu Denksportaufgaben und Kniffeleien zwingen müssen; nur wenn es Spaß macht, üben Sie Ihre Fertigkeiten und lernen dazu.

Zum Schluss noch einige Denksportaufgaben mit besonderem Pfiff. Bitte lesen Sie die Aufgaben gründlich durch.

- Es gibt Monate, die 31 Tage haben, und Monate mit nur 30 Tagen. Wie viele Monate haben denn 28 Tage?
- Herr Schmidt steht hinter Frau Schmidt. Gleichzeitig steht aber Frau Schmidt auch hinter Herrn Schmidt. Wie ist das möglich?
- Drei Stück Kuchen werden zwischen zwei Vätern und zwei Söhnen aufgeteilt. Wieso bekommt trotzdem jeder ein ganzes Stück Kuchen?
- Jemand feiert seinen 18. Geburtstag. Wenn er zwölf brennende Kerzen auf seiner Geburtstagstorte ausbläst, wie viele Kerzen bleiben übrig?

Die Phantasie beflügeln

Das Beschreiten neuer Gedankenwege fördert Ihre Phantasie. Verbinden Sie komplexe Sachverhalte, schwierige Vokabeln oder schlecht zu merkende Namen mit ungewöhnlichen Informationen. Hier einige Beispiele:

- Aus irgendeinem Grund vergessen Sie die Bedeutung des Wortes »Keraunophobie«. Denken Sie an den Geruch eines frisch gebrühten Kaffees, den Sie während eines Gewitters trinken. »Keraunophobie« bedeutet »Die Angst vor Gewittern«.

Knobeleien und Kreuzworträtsel haben zwei wichtige Funktionen. Sie vergrößern das Wissen und helfen entspannen.

• Heuristik ist die Methode, die zu neuen Erkenntnissen führt (Erfindungskunst). Stellen Sie sich einen riesigen Heuhaufen vor, auf dem Sie liegen. Sie riechen den typischen Heugeruch. Einige Grashalme sind Ihnen unter das Hemd geraten. Es juckt höllisch. Plötzlich fällt Ihnen ein Mittel zur Heilung von Heuschnupfen ein.
• Verbinden Sie einen komplizierten Sachverhalt mit Ihrem aktuellen Lieblingslied. Angenommen, Sie wollen sich eine Textpassage merken. Jede Strophe, jeder Refrain und jede gesungene Zeile lässt sich mit einzelnen Absätzen oder Sinnabschnitten verbinden.
• Können Sie sich den komplizierten Namen Ihres Gesprächspartners nicht merken? Überlegen Sie einmal, wie abenteuerlich es wäre, wenn Sie mit ihm oder mit ihr einen flotten Tango aufs Parkett legen würden. Stellen Sie sich die Gesichter der Zuschauer vor!
• Jemand verspricht Ihnen eine Millionen DM, wenn Sie es schaffen, das Wort »Desodorisierungsmittel« (ein Mittel, das Gerüche verhindert) nicht zu vergessen. Wie einfach erscheint plötzlich die Speicherung eines komplizierten Wortes, nicht wahr?

Die Auffassungsgabe auf Trab bringen

Ärgern Sie sich auch über den verpassten Zug, der um 9.12 Uhr losfuhr, während Sie felsenfest davon überzeugt waren, dass er erst um 9.21 Uhr abfährt? Schuld daran ist ein zu flüchtiges Wahrnehmen von wichtigen Informationen. Kein Wunder bei der Datenfülle, die täglich beim Lesen, Fernsehen, Radiohören, Gesprächen usw. auf Sie einstürmt. Sie können die tägliche Verarbeitungsgeschwindigkeit und -genauigkeit von Informationen durch einfache Übungen verbessern.

Eine Fülle von Informationen erhält man durch das sogenannte Querlesen. Dabei genügt es, den Text nach Schlüsselwörtern zu überfliegen. Besonders schnell lassen sich auf diese Weise Nachrichten aufnehmen. Komplizierte Sachverhalte müssen jedoch Schritt für Schritt gelesen und verstanden werden.

Buchstaben finden

Sie können die Verarbeitungsgeschwindigkeit von Informationen durch eine einfache Übung verbessern. Legen Sie sich einen langen Text aus einer Zeitung vor, und unterstreichen Sie darin immer den Buchstaben »e«. Stoppen Sie die Zeit, die Sie dafür gebraucht haben. Kontrollieren Sie dann, ob Sie einige Buchstaben übersehen haben. Wenn Sie zu schnell vorgehen, kann es vorkommen, dass Sie andere Buchstaben unterstreichen. Wenn Sie diese Übung täglich wiederholen, schärfen Sie Ihre Auffassungsgabe enorm.

Denken Sie bei diesen Aufgaben daran, auch von links nach rechts und umgekehrt zu zählen bzw. zu lesen!

Rückwärtslesen

Lesen Sie, möglichst schnell, den Satz laut vor (beginnen Sie mit dem letzten Wort rechts unten):

.NRESSEBREV HCILBEHRE GNINIART SEHCILGÄT HCRUD NAM NNAK NENOI-TAMROFNI NOV TIEKGIDNIWHCSEGSGNUTIEBRAREV EID

Zahlenpaare

Unterstreichen Sie jeweils zwei benachbarte Zahlen, die zusammengezählt den Wert 9 ergeben. Stoppen Sie die dafür benötigte Zeit.

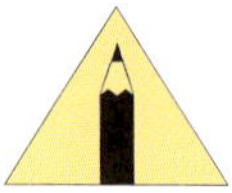

1 4 8 1 9 0 4 4 4 5 5 5 1 2 3 4 5 6 7 8 9 0 6 6 0 9 3 2 2 1
4 4 2 2 7 3 1 8 6 3 3 6 4 5 5 6 7 8 0 0 8 1 9 0 1 9 1 7 1 8
7 2 1 9 1 9 8 7 6 5 4 3 2 1 8 2 8 7 2 2 7 7 7 2 1 9 9 9 1 0
8 9 0 0 8 2 7 4 4 8 8 9 9 0 0 7 2 2 7 9 0 6 3 2 8 9 7 6 4 2
0 1 7 2 9 6 3 7 6 9 7 5 3 1 0 9 1 8 0 3 2 1 5 6 8 2 3 4 5 6
8 2 3 9 6 4 1 6 3 9 0 4 6 7 5 4 4 5 6 2 6 1 6 3 6 2 6 7 8 9
1 4 8 1 9 0 4 4 4 5 5 5 1 2 3 4 5 6 7 8 9 0 6 6 0 9 3 2 2 1

Wortsuche

In dem abgebildeten Worthaufen sind zehn Tiernamen versteckt. Finden Sie sie.

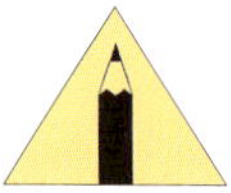

ALFRUTMNLKJHGMUMRMURMELTIERRIERKKNDFIRISCHDOLDGOLDFISCH SCHMEITSÖÜZLKSOEÖFSOIÖKKIUWLDJFUEPTIKOEKGJPSMCNVÄAXJDHE ZDÜUARTJKDEESELGFISLDDAIDODGDOGGEIGELASDGDUHÜVÄZQGDFÜWJF GSHRTSCHÄFERHUNDAÄGERIZHSÄGELEFANTDJMVSDGNVÜEUHHEROEÜVH AMSTERNVEÜQPQVNESPVNRHINOZEROSEGLEIPTETUZZHOAALEÜTVMRE PERGNVFSPOEGNVSPPSOG

Zeichenfindung

Markieren Sie alle x-Zeichen, die mit zwei Klammern versehen sind. Die Klammern können sich entweder auf der linken Seite, auf der rechten Seite oder jeweils links und rechts vom Buchstaben befinden. In der abgebildeten Beispielzeile müssten Sie also das dritte, das sechste und das siebte Zeichen markieren.

Beispiel:

((x)	(x))	x))	(x	((x))	(x)	((x	(x))

Stoppen Sie auch für diese Übung die Zeit. Wenn Sie über diese Seite eine Klarsichtfolie legen und die Zeichen mit einem Folienschreiber markieren, können Sie die Übung mehrmals wiederholen.

Im nächsten Schritt dieser Übung markieren Sie alle x-Zeichen, die drei Klammern haben. Sie können diese Seite auch kopieren, dann können Sie die Zeichen direkt auf der Seite markieren.

((x))	(x)	((x	(x))	(x	((x))	(x))	((x)
(x))	((x))	(x))	((x)	((x))	((x))	(x)	((x
((x)	(x))	x))	(x	((x))	(x)	((x)	((x
(x))	((x)	((x))	((x))	((x))	(x)	((x	(x))
((x))	(x)	((x	(x))	(x	((x))	(x))	((x)
(x	((x	((x)	((x))	(x))	x))	x)	((x))
(x))	((x))	(x))	((x)	((x)	((x))	(x)	((x
(x))	((x)	((x))	((x))	((x))	(x)	((x	(x))
(x))	x))	x)	((x))	(x	((x	((x)	((x))
((x)	(x))	x))	(x	((x))	(x)	((x)	((x
((x))	(x)	((x	(x))	(x	((x))	(x))	((x)
(x	((x	((x)	((x))	(x))	x))	x)	((x))
((x))	(x)	((x	(x))	(x	((x))	(x))	((x)
(x)	(x)	((x	(x)	(x)	(x))	(x))	((x)
(x))	((x))	(x))	((x)	((x)	((x))	(x)	((x

Alphabet erkennen

Suchen Sie aus dem Symbolhaufen auf der nächsten Seite das gesamte Alphabet heraus. Gehen Sie so vor: Zuerst suchen Sie den Buchstaben »A« und tippen mit dem Finger darauf. Bitte nicht mit einem Stift markieren, damit Sie die Vorlage für weitere Übungen nutzen können. Suchen Sie nun das »B«, tippen Sie mit dem Finger darauf, danach das »C« usw., bis Sie beim Buchstaben »Z« angelangt sind. Wie viel Zeit haben Sie dafür benötigt? Trainieren Sie die Übung so lange, bis Sie deutlich weniger Zeit brauchen als beim ersten Mal.

Hier sehen Sie alle Buchstaben des Alphabets, die Sie der Reihe nach finden sollen.

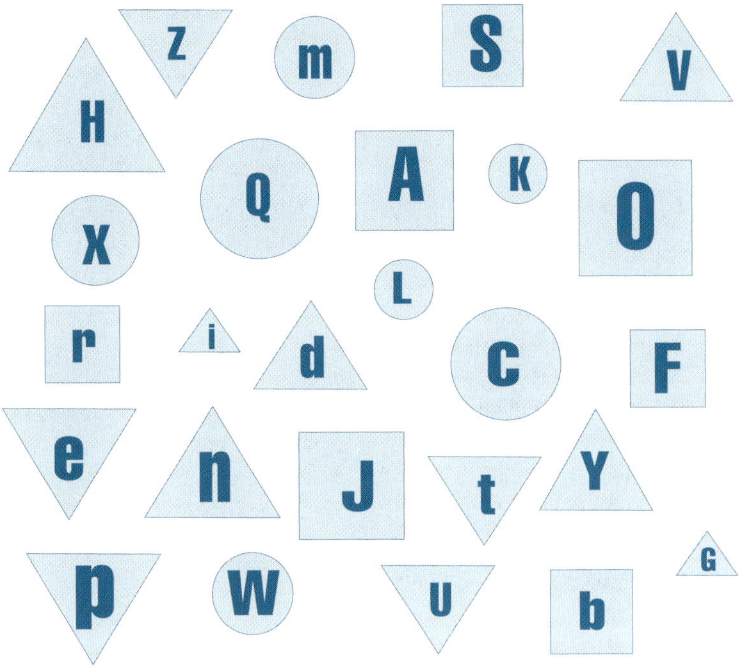

Lesen Sie schneller

Sie brauchen nicht die ganze Zeile zu lesen – übergehen Sie einfach die Ränder.

Ab dem 30. Lebensjahr nimmt ohne ausreichendes Training die Lesegeschwindigkeit ab. Wirken Sie diesem Prozess durch regelmäßiges Training entgegen. Benutzen Sie folgende Methoden, um den Lesevorgang zu beschleunigen:

- Vermeiden Sie das laute Mitlesen bzw. das Mitmurmeln. Man wird dadurch akustisch abgelenkt.
- Markieren Sie wichtige Schlagwörter mit einem Textmarker.
- Stellen Sie nach einem Abschnitt (maximal eine Seite) eine kurze Inhaltsangabe mit den wichtigsten Stichwörtern über den gelesenen Text auf.
- Verkürzen Sie den Text mit Hilfe des peripheren Sehens. Hierbei schneiden Sie gedanklich links und rechts jeweils etwa einen Zentimeter vom Text ab. Sie lesen dann zwar nicht die verkürzten Bereiche, jedoch werden sie trotzdem optisch erfasst und gedanklich verarbeitet. Es funktioniert! Probieren Sie es aus.

- Lernen Sie Bücher zu lesen, ohne sie gelesen zu haben! Fassen Sie den Inhalt eines Buches zusammen, nur anhand der Informationen, die Sie aus dem Klappentext des Buchumschlages, der Inhaltsangabe, eventuell vorhandenen Kapitelübersichten und dem Vorwort gewinnen. Stellen Sie sich vor, Sie müssten einen Vortrag über ein bestimmtes Buch halten. Nach gründlicher Durchsicht der oben beschriebenen Teile können Sie dann beginnen: »Meine Damen und Herren. Ich habe dieses Buch gelesen und möchte es Ihnen heute vorstellen.«

Kennen Sie Buchstabensuppe? Bereiten Sie sich ab und zu eine solche Suppe zu, und schauen Sie, welche Wörter Sie mit den Buchstaben, die Sie in Ihrem Teller finden, zusammensetzen können.

Kreativität trainieren

Zeichnen Sie in eine quadratische Fläche, was Ihnen gerade spontan einfällt. Die Zeichnung kann noch so schlecht sein bzw. verrückt erscheinen. Es soll kein Gemälde entstehen, sondern eine Skizze mit einigen wenigen Strichen. Versuchen Sie nun, gedanklich möglichst viele Interpretationen aus Ihrer Zeichnung herauszufinden. Sie können dieses Verfahren auch mit einem Partner durchführen. Bitten Sie einen Bekannten oder Verwandten, irgendetwas zu zeichnen, was Sie dann interpretieren. Hier Beispiele dazu.

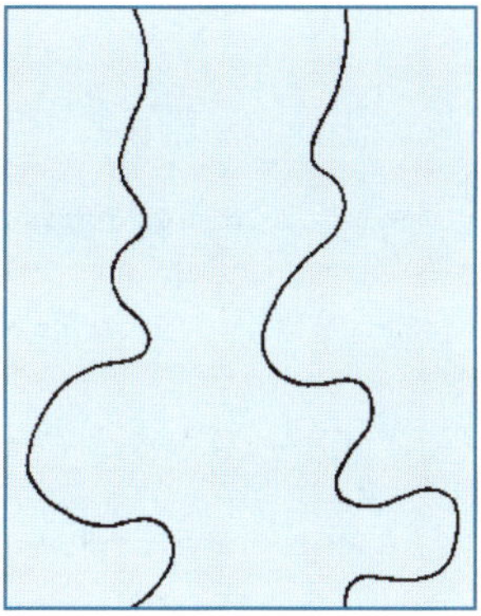

Zu dieser Skizze kann man sich beispielsweise Folgendes überlegen:

- Die Darstellung eines Flusses von oben
- Zwei sich gegenüberstehende Gesichter, die sich anschreien
- Eine Designervase
- Rauch, der am Horizont aufsteigt
- Einen krumm gewachsenen Baumstamm

Was fällt Ihnen zu diesem Bild ein?

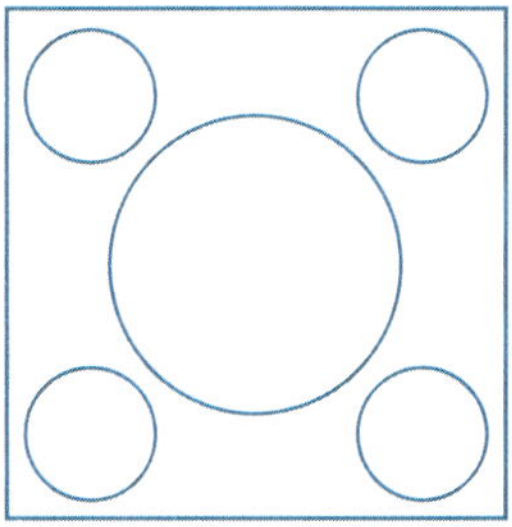

Erstellen Sie selbst Rätselbilder, indem Sie mit wenigen Strichen skizzieren, was sich einfach darstellen lässt, z.B. ein Mann mit Glatze von oben.

- Regentropfen (ein großer und vier kleine)?
- Vier Mexikaner von oben (bei denen man nur die Hüte sieht), die um einen runden Tisch sitzen?
- Ein Kreismuster einer Textilie?
- Fünf Planeten im Weltraum?
- Vier Bäume, die um einen See stehen?

Namenspiele

Wecken Sie spielerisch Ihre Kreativität! Überlegen Sie sich witzige Pseudonamen, die Sie aus Wörtern bilden können. Bitten Sie Freunde und Arbeitskollegen, sich an der Namensuche zu beteiligen. Sie werden viel Spaß haben.

Hier einige Namen, die mir eingefallen sind:

- Ellen Bogen
- Klaus Thaler
- Martin I
- Tom Ate
- Nic Otin
- Mario Nette
- Falk Landinseln
- Frank Reich
- Sep Tember
- Hans Aplast
- Jack Pot
- Ali Mente
- Anna Nas
- Maria Cron
- Theo Retisch
- Nick El Brille
- Kai Serschnitt
- Tom Bola
- Ernst Haft
- Mark Ant
- Kurt Axe
- Marina De
- Heinz El Männchen
- Lilli Putaner

Gedankenökonomie durch Abkürzungen

»Übersetzen« Sie jeden Tag eine Abkürzung in ihre eigentliche Bedeutung, z. B.:

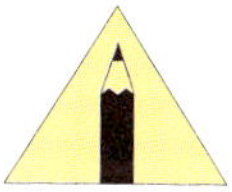

BASF __________
U.A.W.G. __________
USA __________
e.V. __________
TÜV __________
KG __________
Aldi __________
GERHARD __________
NATO __________
OmU __________
Azubi __________
UNESCO __________
DIN __________
BAföG __________
Cu __________
LP __________
CD __________
NTC __________
ROM __________
EPROM __________
c.t. __________
WSV __________
OHG __________
KaDeWe __________
BP __________
DGB __________
MAD __________
LStDV __________
AfA __________
BBauBL. __________
VoPo __________
ViSdP __________
z. b. V. __________

Werden Sie selbst als Gedankenökonom tätig: Erfinden Sie eigene Abkürzungen und Übernamen gerade für Dinge, die Sie sich bisher schlecht merken konnten. Sie werden sehen, dass Sie sich dann viel besser erinnern.

Zahlenassoziationen

Zahlen wie Telefonnummern und Postleitzahlen lassen sich häufig durch Bildung von sinnvollen Untergruppen merken. Teilen Sie z. B. die Zahl 246742 in Zweiergruppen ein, also in 24 67 42. Erkennen Sie hieraus bereits bekannte Zahlen wieder? Vielleicht finden Sie darin das Alter Ihrer Kinder, Geschwister, des Ehepartners, Vaters oder eines Freundes wieder? Assoziieren Sie die Zahlenpaare damit. Gewöhnen Sie sich an, die ganze Zahl als Zahlenpaar auszusprechen. Sagen Sie nicht »einhundertfünfundvierzigtausendzweihundertdreiundsiebzig«, sondern »vierzehn-zweiundfünfzig-dreiundsiebzig«. Mögliche Zahlen, mit denen Sie Zahlenpaare assoziieren können, sind:

- Alter von Personen
- Konfektionsgrößen
- Schuhgrößen
- Hausnummern
- Geburtsdaten (Tag, Monat, Jahr)
- Nummernschilder

Achten Sie darauf, ob sich hinter der Zahl nicht eine mathematische Besonderheit verbirgt. Aus der obigen Zahl kann man folgende Rechnung »ablesen«: 2 + 4 = 6 x 7 = 42

Mathematische Besonderheiten

Welche mathematischen Zusammenhänge stecken in folgenden Zahlenfolgen?

Manchmal merkt man sich Zahlen besonders gut, wenn man sie singt. Probieren Sie es aus. Singen Sie Telefonnummern zu einer möglichst einfachen Melodie, etwa zu »Hänschen klein«.

3 3 6 3 6 4 4 0 ____________________

1 4 5 2 3 1 2 3 6 ____________________

4 8 3 2 8 4 0 ____________________

8 0 4 1 1 2 1 1 1 1 ____________________

Reime und Eselsbrücken

Wer »nämlich« mit »h« schreibt ist … Kennen Sie diese Eselsbrücke noch aus dem Deutschunterricht? Natürlich. Trainieren Sie Ihr Gedächtnis unter Einbeziehung von Reimen und Eselsbrücken. Benutzen Sie dabei nicht nur bekannte Verse, sonders dichten Sie eigene. Es nimmt zwar einige Zeit in Anspruch, aber es lohnt sich. Eselsbrücken lassen sich auf alle Lebens- und Lernbereiche anwenden. Schauen Sie sich die Beispiele an, die ich für bestimmte Themengebiete gefunden habe.

Legen Sie sich eine Sammlung von Merksprüchen an. Fragen Sie Verwandte und Bekannte, mit welchen Sprüchen sie sich Dinge merken; erstellen Sie Lernkarten, und ab damit in den Lernkartencomputer.

Deutschunterricht

- Endungen wie »-chen« und »-lein« machen alle Sachen klein.
- **A**uf **e**iner **I**nsel **o**hne **U**hr, sind Vokale nie Tortur.
- Tuten tut die Tute! (um auf die Vermeidung der Verbs »tun« hinzuweisen).
- Vor einem Doppelmitlaut, das ist nicht egal, wird kurz gesprochen der Vokal.
- Wer »brauchen« ohne »zu« gebraucht, braucht »brauchen« erst gar nicht zu gebrauchen. (Um auf den erweiterten Infinitiv mit »zu« hinzuweisen.)

Englischunterricht

- Bei »he«, »she« und auch »it« –
ein »s« muss sodann immer mit.
- Der Plural wird ganz schief und krumm,
denn »y« dreht sich in »ie« um,
doch nach a, e, o, u
lass ja das »y« in Ruh
(z. B. story – stories bzw. toy – toys).

Geschichtsunterricht

- 753 – Rom schlüpft aus dem Ei. (Rom wurde in diesem Jahr gegründet.)
- 333 – Issos Keilerei. (Schlacht zwischen Alexander dem Großen und dem Perserkönig Darius III. im Jahr 333 v. Chr.)
- Vor Christus genau Einhundert – Baby Cäsar wird bewundert. (Geburtstag von Julius Cäsar.)
- Acht und zweimal die Null – Karl stieg auf den großen Stuhl. (Karl der Große wird im Jahr 800 zum römischen Kaiser gekrönt.)
- Siebzehnhundert x und neun – große Männer können sich freun. (In den Geburtstagen berühmter Männer verbirgt sich diese Zahlenkombination. Lessing: 1729, Goethe: 1749, Schiller: 1759, Napoleon: 1769.)

Geografieunterricht

- Feldspat, Quarz und Glimmer, die drei vergess ich nimmer. (Granit setzt sich aus diesen drei Stoffen zusammen.)
- **G**eradeaus, **J**unge, **w**ir **e**ssen **g**leich **e**ine Thüringer Bratwurst! (Auf den ersten Blick wirkt diese Eselsbrücke etwas merkwürdig. Hinter den Anfangsbuchstaben des Satzes stecken die größten Thüringer Städte, und zwar von Ost nach West.)

G bei »geradeaus« bedeutet: Gera
J bei »Junge“ bedeutet: Jena
w bei »wir« bedeutet: Weimar
e bei »essen« bedeutet: Erfurt
g bei »gleich« bedeutet: Gotha
e bei »etwas« bedeutet: Eisenach

Eselsbrücken für Haushalt, Gesundheit und Garten

Auch das eine wichtige Weisheit für den Haushalt: »Steife Sahne, und das nicht ohne, entsteht vom Saft einer Zitrone.« Sie erhalten garantiert steife Schlagsahne, wenn Sie etwas Zitronensaft beimengen.

- Spürst du das Leiden, deine Gicht, trink Rot- und Weißwein lieber nicht. (In der Tat fördern Rot- und Weißwein die Entstehung von Harnsäurekristallen, die sich in den Gelenken absetzen und somit die Gicht fördern.)
- Bier auf Wein, lass mal sein! Aber Wein auf Bier, das rat ich dir! (Dieser Reim drückt das menschliche Wohlbefinden aus, wenn eine bestimmte Reihenfolge von Alkoholika getrunken wurde. Können Sie diese Aussage bestätigen?)
- Kaufe vormittags nie deinen Schuh, sonst hast du mit den Füßen keine Ruh! (Wissen Sie eigentlich, dass die Füße im Lauf eines Tages anschwellen können? Schuhe sollte man daher dann kaufen, wenn sich die Füße schon etwas ausgedehnt haben.)
- Zwickt das Rheuma stark und doll, man das Milchtrinken unterlassen soll! (Ist wissenschaftlich eindeutig bewiesen!)
- Fensterputz bei Sonnenschein bringt jedem großen Frust nur ein! (Man sagt auch, dass Fenster bei starkem Sonnenschein leicht blind werden.)
- Du verdienst dir ’ne Tracht Prügel, hängst du nasse Pullover auf den Bügel.
- Stehn Tomaten dicht beim Kohl, sagen dir die Raupen Lebewohl!
- Hast auf dem Parkett ’nen Tintenfleck, Zitrone bringt ihn schleunigst weg!

Mindmaps (Informationslandkarten)

Das nach dem britischen Gehirnforscher Tony Buzan entwickelte Aufzeichnungssystem ist eine effektive Methode, Informationen kompakt darzustellen. Insbesondere lassen sich damit Inhalte von Büchern, Seminarthemen, umfangreiche Probleme oder Planungsvorhaben zusammenfassen. Nehmen Sie hierzu ein DIN-A4-Blatt im Querformat, und schreiben Sie in die Mitte den thematischen Schwerpunkt. In Unterpunkten, Nebenarmen und Verästelungen zeichnen Sie dann die Unterpunkte. Verwenden Sie dabei möglichst viele Zeichen und Symbole. Benutzen Sie farbige Stifte.
Oben sehen Sie eine Mindmap zum Thema »Lernstrategien« (vgl. auch das Kapitel »Besser lernen mit Strategien« Seite 44 ff.).

Informationen lassen sich hierarchisch gliedern. Gehen Sie vom wichtigsten Begriff aus, und ordnen Sie ihm Unterbegriffe zu. So können Sie sich Schritt für Schritt erinnern.

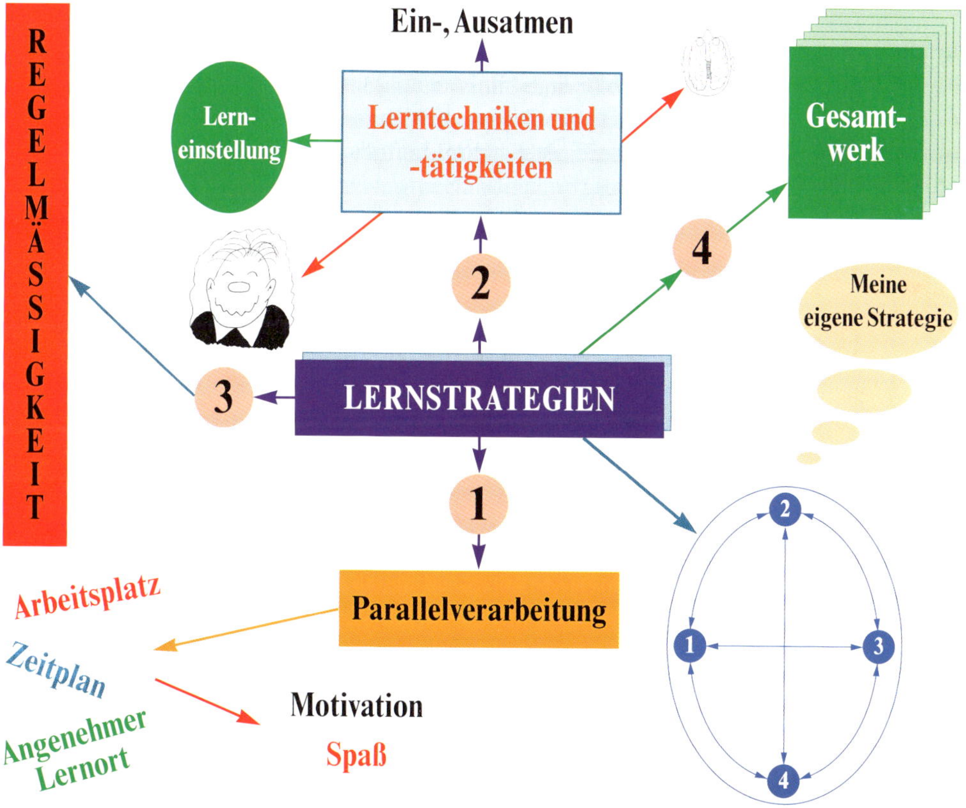

Zeichenbeispiele

Ihr Gehirn verarbeitet Informationen umso besser, je mehr Sie die beide Gehirnhälften mit einbeziehen. Außerdem zwingt Sie dieses kreative Vorgehen zu einer intensiveren Beschäftigung mit den Informationen.

Ich zeige Ihnen anhand der folgenden Beispiele, welche grafischen Möglichkeiten Sie bei der Konstruktion einer Mindmap ausschöpfen können. Selbstverständlich sollten Ihre eigenen Ideen dabei nicht zu kurz kommen.

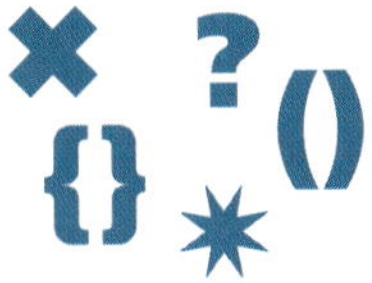

Symbole

Symbole wie Fragezeichen, Kreuze, Klammern, Sternchen, Punkte, usw. können die Wichtigkeit von Stichwörtern verstärken. Sie können auch Verbindungen herstellen oder äquivalente Informationen kenntlich machen.

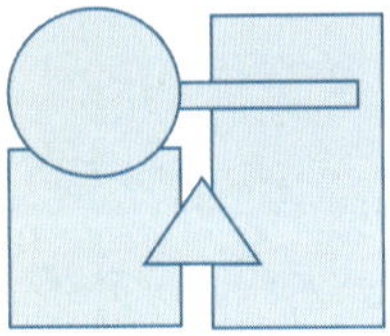

Figuren aller Art

Dreiecke, Rechtecke, Quadrate usw. eignen sich zur Abgrenzung von Themengebieten, Hervorhebung von Formeln und Einteilung nach Wichtigkeitsstufen. Die geometrischen Figuren können dabei optisch verziert werden (z. B. mit Rahmen).

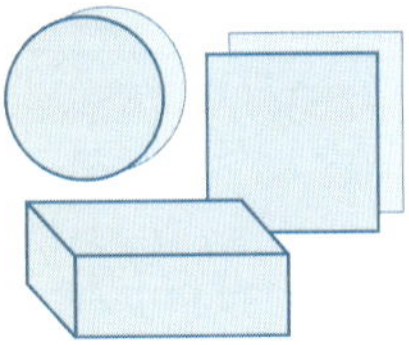

Perspektivische Figuren

Besonders wichtige Informationen setzt man auch optisch in ein besonderes Licht. Hierfür eignen sich dreidimensionale Körper oder schattierte Flächen. Skizzieren Sie insbesondere das zentrale Thema, als wichtigste Information mit einer grafisch besonders wirkungsvollen Figur.

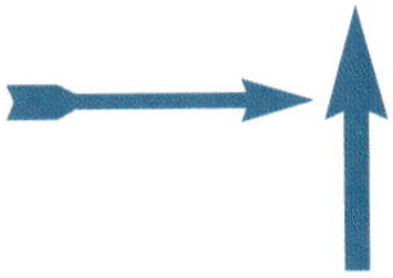

Linien und Pfeile

Mit diesen Elementen lassen sich gedankliche und thematische Verbindungen herstellen, die an unterschiedlichen Stellen der Mindmaps stehen.

Bilder und Skizzen

Benutzen Sie möglichst viele Bilder, die bereits Aussagen zum Thema darstellen. Wenn Sie beispielsweise eine Mindmap zum

Thema »Licht« erstellen, darf natürlich nicht das Bild einer Sonne fehlen. Feuchtigkeit oder Nässe zeigen Sie grafisch am besten mit ein paar Tropfen an.

Farben

Sie wissen ja bereits, dass die Verarbeitung von unterschiedlichen Farben der rechten Gehirnhemisphäre zugeordnet ist. Sparen Sie also nicht an Farbe! Übrigens können Sie durch das Markieren oder Unterlegen mit verschiedenen Farben große Sachbereiche auf Ihrer Landkarte gegeneinander abgrenzen.

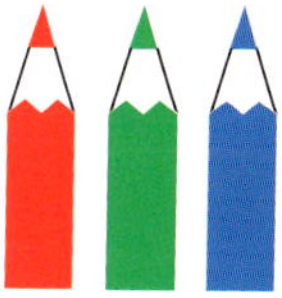

Zusammenfassung

- Gehirnjogging hält das Gedächtnis fit, absolvieren Sie also täglich ein paar Einheiten Gehirnjogging.
- Denken Sie in Kategorien und Strukturen.
- Schärfen Sie Ihre Beobachtungsgabe, und entwickeln Sie so einen anderen Blickwinkel für Alltägliches.
- Speichern Sie Namen und Gesichter in kleinen Geschichten, die die Eigenheiten des Namenträgers mit einbeziehen.
- Binden Sie die rechte Gehirnhälfte musikalisch in den Lernprozess mit ein.
- Täglich ein paar Kniffeleien und Knobeleien machen Spaß. Außerdem lernt man einiges dabei.
- Beflügeln Sie Ihre Phantasie mit kuriosen Geschichten, durch die Sie sich ungewöhnliche Wörter merken.
- Bringen Sie Ihre Auffassungsgabe auf Trab, indem Sie Ihre Lesegewohnheiten ändern.
- Ihre Kreativität erweitert sich, wenn Sie verschiedene Figuren aus vorgegebenen oder selbst gezeichneten Bildern sehen lernen.
- Trainieren Sie Gedankenökonomie. Sie kennen bestimmt eine Menge Abkürzungen und sollten sich auch selbst welche ausdenken.
- Mit Mindmaps legen Sie Informationen wie auf einer Landkarte ab.

Sie haben in diesem Kapitel etliche Tips und Tricks kennen gelernt. Wenden Sie jeden Tag ein paar davon an – Ihrer Gedächtnisfitness zuliebe.

DAS WISSEN AKTIV VERARBEITEN

Das passive Aufnehmen von Wissen hat mit Lernen noch wenig zu tun. Erst der aktive Umgang mit Informationen, die bildliche Umsetzung und die Wiederholung – kurz: das »Ausatmen« dieser Informationen – machen sie zum wertvollen Bestandteil des individuellen Wissensbestandes.

»Ausatmen« von Informationen

Wie e401e551 3a2 5e427a41e2?

Fallen Ihnen die Zahlen-Buchstaben-Kombinationen noch ein? Wunderbar. Im Kapitel »Der Zahlen-Buchstaben-Kode« (siehe Seite 116ff.) werden Sie die phantastischen Anwendungsmöglichkeiten dieses Hilfsmittels kennen lernen.
Der Gehirnaufbau erfordert die möglichst starke Einbeziehung beider Gehirnhälften in den Lernprozess. Beschriften Sie also niemals z.B. beim Vokabelnlernen die Vorderseite der Lernkarte allein mit dem deutschen Wort und die Rückseite mit der Übersetzung. Für einzelne Lerngebiete erfahren Sie jetzt, wie Sie Ihre Lernkarten noch besser gestalten können. Als Beispiele habe ich hier die Sparten

- Fremdwörter
- Vokabeln
- Technische Informationen
- Texte
- Reden und Vorträge

genommen. Natürlich können Sie diese Methode auch auf andere Fachgebiete übertragen. Manche Beispiele mögen albern erscheinen. Aber das ist völlig gleichgültig. Hauptsache ist, Sie behalten die gelernten Informationen!

Das Aufnehmen von Informationen ist der erste, das Verarbeiten dieses neuen Wissens der nächste und wichtigere Schritt, um sich an das Neugelernte zu erinnern. Für diese aktive Verarbeitung gibt es verschiedene Möglichkeiten.

Fremdwörter

Beginnen wir mit zwei Begriffen, die ich willkürlich aus einem Fremdwörterlexikon herausgenommen habe. Zuerst gebe ich Ihnen die dazugehörige Bedeutung vor, dann zeige ich Ihnen einen möglichen Lernkartenaufbau. Dabei werde ich versuchen, die neuen Informationen mit bereits vorhandenem Wissen zu verknüpfen. Je einfacher dabei die Assoziation mit Bekanntem ist, desto schneller und zuverlässiger lässt sich das neu erworbene Wissen ins Gedächtnis überführen. Probieren Sie es aus!

Beispiel 1

»Dokimasie« bedeutet »Prüfung« bzw. »Untersuchung«.

So könnte die Karteikarte Dokimasie aussehen

Vorderseite

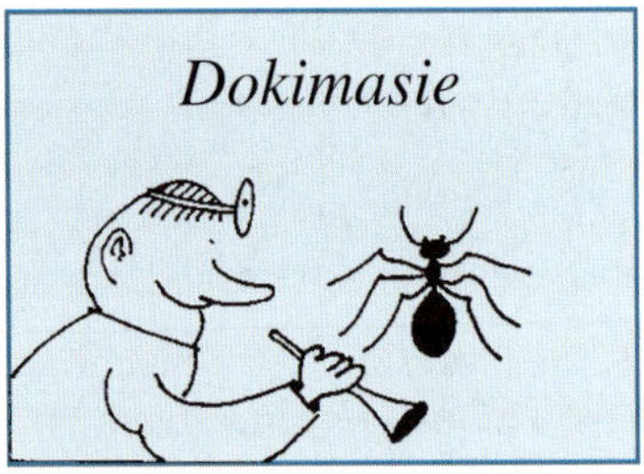

Rückseite

Prüfung
Untersuchung

Am besten zeichnen Sie eigenhändig auf eine Seite der Karteikarte ein Bild, das Sie mit der Information, die Sie lernen wollen, in Verbindung bringen.

Haben Sie schon eine Idee, wie man sich mit diesem Bild auf der Vorderseite der Karteikarte die Bedeutung für Dokimasie merken kann? Stellen Sie sich vor, wie ein Doktor eine Ameise untersucht. Die erste Silbe »Dok-« lässt sich mit dem Wort »Doktor« assoziieren, der andere Wortteil klingt ähnlich wie »Ameise«. Mit etwas Vorstellungskraft kann man aus »Doktor« und »Ameise« das Fremdwort »Dokimasie« konstruieren. Klingt komisch, nicht wahr? Aber es funktioniert! Je intensiver und genauer Sie dieses Bild vor Ihrem geistigen Auge haben, desto eher behalten Sie die Bedeutung von Dokimasie. Noch besser ist es, wenn Sie dieses Bild auf die Vorderseite der Karteikarte aufzeichnen.

Beispiel 2

»Vestibül« bedeutet »Vorraum« bzw. »Vorhalle«. Der erste Teil des Wortes klingt wie »Weste«, der zweite Teil wie »Bulle«. Stellen Sie sich eine riesige Vorhalle eines noblen Hotels vor. An der Rezeption meldet sich gerade ein Bulle an, der mit einer Weste bekleidet ist. Allein der groteske Gedanke, was wohl ein Bulle in einer Hotelvorhalle alles anrichten könnte, macht dieses Wortspiel zu einem Erlebnis, das Sie sich gut merken können.

Es reicht dabei völlig aus, wenn Sie sich das gedankliche Bild symbolisch auf die Karteikarte skizzieren. Das hilft Ihnen, schneller die Karteikarte zu erstellen. Sehen Sie, welche Möglichkeit ich mir für »Vestibül« ausgedacht habe:

Vorderseite

Vestibül

Rückseite

Vorraum

Vorhalle

So können Sie sich »Vestibül« merken.

Meistens lässt sich ein Fremdwort aus mehreren ähnlich klingenden deutschen Wörtern zusammensetzen. Aus Wörtern Bilder zu erzeugen, sich diese vorzustellen und dann auf eine Karteikarte zu zeichnen, das schult Ihre rechte Gehirnhälfte. Sie werden erstaunt sein, wie viele Wörter und Ausdrücke Sie mit dieser Methode behalten können. Wollen Sie sich einmal selbst ein Fremdwort nach diesem Verfahren einprägen? »Indispensabel« bedeutet »unentbehrlich« bzw. »unerlässlich«. Viel Erfolg beim Erzeugen der bildlichen Übersetzung! Ihre rechte Gehirnhälfte wird es Ihnen danken.

Vokabeln

Mit Hilfe der bildlichen Assoziationstechnik lassen sich Fremdwörter mit ähnlich klingenden deutschen Wörtern in Verbindung bringen und so leichter merken. Je ausgefallener dabei die Beispiele sind, desto besser.

Unterzieht man die Vokabellernmethoden von Schülern einer gründlichen Dokimasie (alles klar?), zeigt sich ein verblüffender Effekt. Zwar wissen die Schüler, wo genau eine bestimmte Vokabel im Buch oder Heft steht, die dazugehörige Bedeutung aber können sie sich nicht merken. Die üblichen Vokabeltabellen, die dann hintereinander – also linear – heruntergerasselt werden, beanspruchen überwiegend die linke Gehirnhälfte. Schalten Sie den »Turbo« beim Lernen dazu, und übersetzen Sie von heute an die Vokabeln in Bilder!

»Grüne Bohnen« werden im Französischen mit »haricots verts« (lies: ariko wär) übersetzt. Stellen Sie sich vor, die Firma **Harico** bringt eine neue Sorte von grünen Gummibärchen auf den Markt, die nach Bohnen schmecken. Fürchterlich der Gedanke, nicht wahr? »**Wär**«, so schimpfen Sie laut vor sich hin, »bringt nur so ein scheußliches Produkt auf den Markt!«

Machen Sie ruhig den Versuch, und fragen Sie Bekannte, Ihren Partner oder Ihre Partnerin, welches Bild er oder sie mit einem bestimmten Wort oder Ausdruck verbindet.

Das Wort »Flasche« heißt auf Französisch »bouteille« (lies: butäj). Wie ist es nur möglich, einen **Butt** und ein **Ei** durch den engen Hals einer Flasche zu bekommen?
Jetzt gilt es, die nächste Hürde zu überspringen, damit die rechte Gehirnhälfte noch mehr beteiligt wird. Die gefundenen Bilder müssen Sie jetzt auf die Lernkarten zeichnen. Sie behaupten, Sie könnten nicht zeichnen? Das stimmt nicht! Probieren Sie es aus. Die beiden Lernkarten könnten z. B. so aussehen:

»Grüne Bohnen« heißt auf Französisch »haricots verts«.

Vorderseite

grüne Bohnen

Rückseite

haricots verts
(lies: ariko wär)

Beim Umwandeln von Wörtern in Bilder, die Sie dann auf die Lernkarte zeichnen, sollten Sie immer nach folgendem Muster vorgehen:

- Versuchen Sie, aus dem Lernwort ähnlich klingende deutsche Wörter zu konstruieren. Es können auch mehrere zusammengesetzte Wörter sein. Wichtig ist, dass sie Ihnen bekannt sind.
- Stellen Sie sich vor Ihrem geistigen Auge die dazugehörigen Bilder vor, und verbinden Sie sie mit dem Fremdwort bzw. mit der Vokabel.
- Zeichnen Sie das Gesamtbild auf die Vorderseite der Lernkarte.

Das französische Wort »bouteille« (Flasche) bildlich dargestellt.

Vorderseite

Flasche

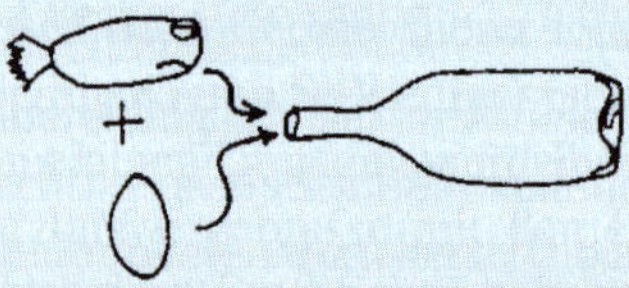

Rückseite

bouteille
(lies: butäj)

Technische Informationen

In technischen Fächern wie Mathematik, Physik, Elektrotechnik usw. ist eine Umwandlung in Bilder nicht so einfach durchzuführen. Aber keine Angst: Mit etwas Phantasie und Erfindungsgabe lassen sich auch diese Informationen problemlos mit der rechten Gehirnhälfte verarbeiten. Sogar Karteikarten können Sie herstellen!

Betrachten wir ein Beispiel aus der Mathematik. Bekannt ist, dass die Summe aller drei Innenwinkel in einem Dreieck immer gleich 180° ist. Die Formel hierzu lautet:

Gerade in Fächern wie Mathematik, Physik oder Chemie ist es wichtig, bildliche Vorstellungsbrücken zu bauen. Es gibt keine noch so komplizierte Formel, die sich nicht irgendwie bildlich übertragen ließe.

$$\alpha + \beta + \gamma = 180°$$

Hüten Sie sich davor, Ihre Lernkarte auf der Rückseite allein mit dieser Formel zu beschriften. Sie werden sonst viel Zeit mit Wiederholungen vergeuden, bis Sie die Formel gelernt haben. Veranschaulichen Sie sich diesen Zusammenhang an einem Modell! Zeichnen Sie drei gleich große Dreiecke auf ein Stück Pappe, und bezeichnen Sie die entsprechenden Winkel.

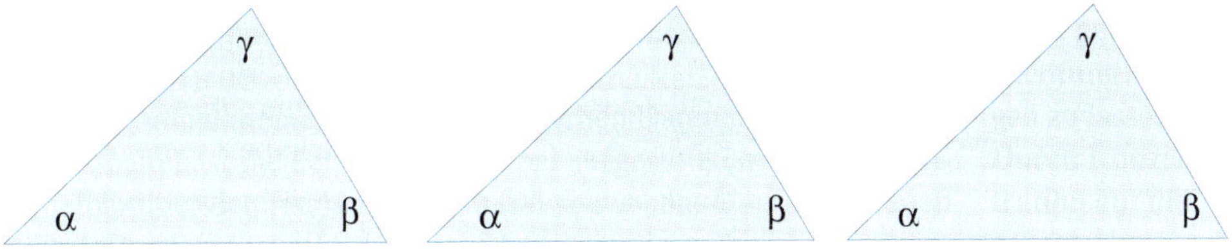

Schneiden Sie nun die Dreiecke mit einer Schere aus, und legen Sie sie folgendermaßen wie Puzzleteile aneinander:

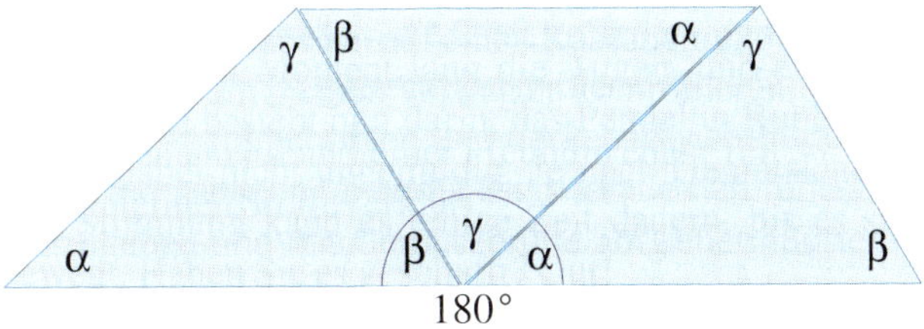

Die drei Winkel liegen nun Seite an Seite (siehe Kennzeichnung). Die Summe ist 180°, genau wie in einem Halbkreis. Nachdem Sie sich die Formel anhand dieses einfachen Pappmodells klargemacht haben, ist es jetzt keine Schwierigkeit, die dazugehörige Lernkarte zu produzieren.

Vorderseite

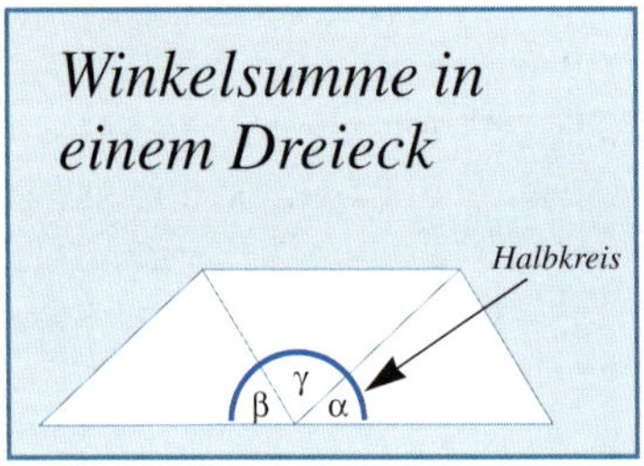

Die Winkelsumme im Dreieck, bildlich dargestellt.

Rückseite

$$\alpha + \beta + \gamma = 180°$$

Nun zum nächsten Beispiel, einer Umrechnungsformel.
Wissen Sie schon, wohin Ihre nächste Urlaubsreise geht? Italien, Frankreich, Spanien? Oder vielleicht Amerika? Ganz gleich, wie der nächste Urlaubsort heißt, ein Problem tritt immer auf. Was kostet, zum Kuckuck noch einmal, eine Pizza in DM, wenn auf der Speisekarte z. B. 16 400 Lire steht? Dummerweise haben Sie Ihre Umrechnungstabelle gerade nicht dabei. Da Sie mal etwas Neues ausprobieren wollten, haben Sie sich eine Pizza »Lira« bestellt. Während Sie noch die italienische Abendsonne genießen, bringt die Bedienung die bestellte Pizza. Doch was ist das! Die Pizza ist ja eckig! Unglaublich! Sie ist eingeteilt in vier Abschnitte mit verschiedenen Zeichen und Symbolen. Sehen Sie selbst (Abbildung Seite 109).
Im rechten oberen Feld dieser eigenartigen Pizza ist aus leckerem Käse ein großes Fragezeichen gebildet worden. Rechts unten befindet sich die Angabe 0,80 DM aus feinstem Kochschinken, während links unten mit Zwiebelringen die Zahl 1000 L steht. Dazwischen befinden sich zwei riesengroße pechschwarze Oliven. Im Feld links oben, abgetrennt von einer schwarzen Olive, hat der Koch die Pizza so mit grünen Paprikastreifen belegt, dass man den Preis ablesen kann. Zum benachbarten Feld führen zwei nebeneinander liegende kerzengerade Peperoni, die wie ein Gleichheitszeichen aussehen.

Eine besondere Pizza

Sie haben es sicher schon bemerkt: Pizza »Lira« ist ein besonderes Dreisatzmenü, mit dem Sie Fremdwährungen in DM umrechnen können. Die Oliven und Peperoni stellen mathematische Symbole dar. Wenn Sie also den Preis der Pizza ausrechnen wollen, müssen Sie in das rechte untere Feld den aktuellen Wechselkurs für 1000 Lire eintragen. Nehmen wir einen Kurs, bei dem Sie für 1000 Lire ca. 0,80 DM bezahlen müssen. Berechnen Sie nun den Pizzapreis im Uhrzeigersinn. 0,80 geteilt durch 1000 und das Ganze mit 16 400 multipliziert. Macht einen Preis für diese tolle Pizza von 13,12 DM.

Vielleicht bereiten Sie ja demnächst selbst eine Pizza zusammen mit Ihrer Familie oder mit Ihren Bekannten zu. Backen Sie eine Pizza »Lira«, und Sie werden den Dreisatz nie vergessen. Außerdem können Sie Ihren Gästen eine besondere Attraktion bieten.

Die Pizza »Lira« ist ein gutes Beispiel, wie beide Gehirnhälften in den Lernprozess mit einbezogen werden können. Außerdem kommen der Gaumen und der Magen auf ihre Kosten.

Mit dieser wohlschmeckenden Pizza »Lira« merken Sie sich mühelos den Dreisatz und meistern auch in Zukunft alle Währungsumrechnungen.

Das ohmsche Dreieck

Informationen lassen sich leichter lernen, wenn sie mit bekanntem Wissen verknüpft werden können. Zwischen technischen Fächern bestehen ausgezeichnete Möglichkeiten, mit nur einer Grundinformation mehrere Einzelinformationen unterschiedlicher Fächer zu lernen. Hierzu ein Beispiel.

Die Elektrotechnik baut auf dem sogenannten ohmschen Gesetz auf. Es besagt, dass die elektrische Spannung an einem Verbraucher das Produkt aus Widerstand und elektrischem Strom ist. Die Formel lautet also:

$$U = R \cdot I$$

U: Elektrische Spannung
I: Elektrischer Strom
R: Widerstand

Auszubildende und Schüler haben oft das Problem, eine mathematische Formel nach einer nicht bekannten Größe umzuformen. Wenn Sie beispielsweise das ohmsche Gesetz nach I umstellen, lautet das Ergebnis:

$$I = \frac{U}{R}$$

Auch diese mathematischen Umformungen lassen sich problemlos in einer einfachen grafischen Darstellung zusammenfassen. Für das ohmsche Gesetz merken Sie sich ab heute nur noch das ohmsche Dreieck.

Die ohmsche Formel im magischen Dreieck, das auf den ersten Blick alle Umformungen preisgibt.

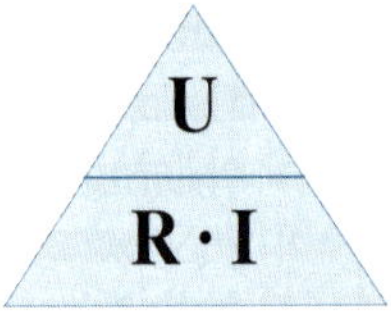

Mit dieser Darstellung können Sie das ohmsche Gesetz nach allen drei Größen umstellen und erhalten sofort das richtige Ergebnis. Verdecken Sie hierzu die gesuchte Größe mit Ihrem Zeigefinger. Die beiden restlichen Größen ergeben bereits die umgestellte Formel. Probieren Sie es aus. Decken Sie den Buchstaben »U« ab. Es bleibt das Produkt R mal I übrig. Decken Sie jetzt den Buchstaben »I« ab. Es entsteht der Quotient U geteilt durch R, und wenn Sie R abdecken, der Quotient U geteilt durch I. Wenden Sie dieses Formeldreieck auf alle beliebigen Gleichungen mit drei Variablen an. Ersetzen Sie die Buchstaben des ohmschen Gesetzes einfach durch allgemeine Variablen. Die entsprechende Lernkarte könnte so aussehen:

Erstellen Sie eine ganze Reihe von Lernkarten, auf denen Sie jeweils eine andere mathematische Formel im magischen Dreieck eintragen.

Vorderseite

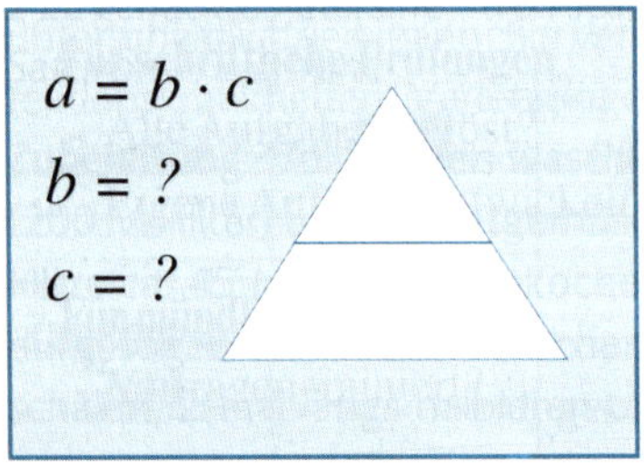

Rückseite

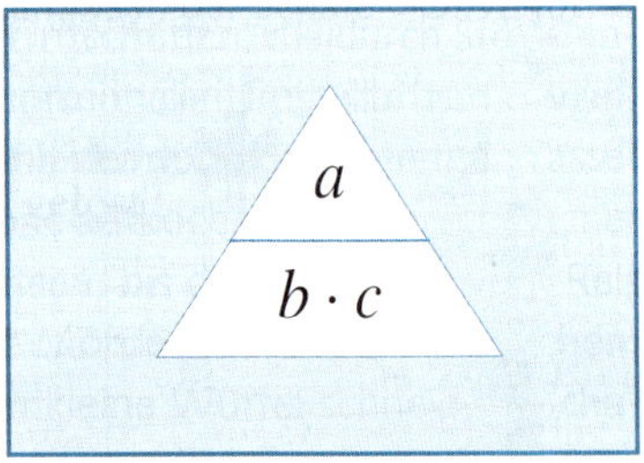

Texte auf Lernkarten erfassen

Betrachten Sie bitte die nachfolgende Lernkarte, die ich zu einem Text aus der Lernpsychologie von Frederic Vester erstellt habe. Sie sehen vier verschiedene Kästchen mit der Überschrift »Eingangskanäle«.

Vorderseite

Rückseite

Eingangskanäle

auditiv	*visuell*
haptisch	*abstrakt-verbal*

Die vier Eingangskanäle, durch die wir Informationen aufnehmen.

Offensichtlich beschreibt der zugrunde liegende Text vier unterschiedliche Eingangskanäle. Im ersten Feld sehen Sie eine Sprechblase und ein Ohr, im zweiten eine Zielscheibe, in der ein Pfeil steckt, und im dritten Bild erkennt man das spitze und das flache Ende eines Bleistiftes, auf die jemand mit dem Daumen gedrückt hat. Im letzten Bild ist eine Formel aufgeschrieben. Die Rückseite zeigt vier Kästchen, in die jeweils ein Fachbegriff eingetragen wurde.

Es gibt vier Grundtypen des Lernens: auditiv, visuell, haptisch und abstrakt-verbal. Wichtig ist, zu erkennen, durch welchen Kanal man Informationen am besten aufnimmt, und das Lernen darauf abzustimmen.

Die vier Lerntypen

Vester beschreibt in diesem Text die verschiedenen Entwicklungen von Lerntypen, bei denen die sogenannten Eingangskanäle unterschiedlich stark ausgeprägt sind. Er unterscheidet dabei zwischen auditivem, visuellem, haptischem und abstrakt-verbalem Lerntyp. Die Bilder auf der Vorderseite der Karte veranschaulichen diese vier Typen an einem physikalischen Gesetz: Druck ist gleich Kraft geteilt durch Fläche. Auditiver Lerntyp bedeutet, dass jemand gut durch Zuhören und Sprechen lernt. Visuelle Lerntypen verarbeiten Informationen über das Auge, d.h., dieser Mensch muss sehen, dass ein spitzer Pfeil in der Zielscheibe stecken bleibt, wohingegen ein stumpfer abprallt. Mit haptisch meint Vester den Lerntyp, der das Gesetz

Die vier Lerntypen kommen nie in Reinform vor, nur die Bevorzugung eines Grundtyps ist meist deutlich zu erkennen. Es ist also sinnvoll, Lernstoff durch verschiedene Eingangskanäle aufzunehmen.

am eigenen Leib, also durch Anfassen und Fühlen, spüren muss. Drücken Sie doch einmal – mit etwa gleicher Kraft – den Daumen auf die spitze Seite und dann auf die flache Seite des Bleistifts! Merken Sie, wie stark sich der Druck bei kleiner werdender Fläche erhöht? Der abstrakt-verbale Lerntyp schließlich lernt den Sachverhalt durch Formeln oder Definitionen, dargestellt anhand der Gleichung P ist F geteilt durch A.
Zu welchem Lerntyp würden Sie sich zählen? Überlegen Sie, wie Sie Informationen lernen oder in der Schule gelernt haben. Mit ein wenig Nachdenken und dem Einbeziehen beider Gehirnhälften lassen sich auch umfangreichere Texte und Sachverhalte wie den gerade beschiebenen auf eine kleine Karteikarte bringen. Der beschränkte Platz zwingt Sie dazu, das Wesentliche des Textes herauszufiltern.

Reden und Vorträge

Sie möchten oder müssen eine Rede oder einen Vortrag halten? Allein der Gedanke daran wird Ihnen bestimmt schon ein kribbelndes Gefühl in der Magengegend verursachen, und Sie merken, wie Ihr Herz schneller zu schlagen beginnt. Doch keine Angst! Strukturieren Sie Ihre gut durchdachten Inhalte, und fertigen Sie sich hierzu maximal drei bis fünf Lernkarten an, die Sie dann vor Ihrem geistigen Auge abspulen. Aber nicht vergessen: Wenn Sie eine Rede halten wollen, müssen Sie vorher reden trainieren! Tragen Sie »Gerhard« zur Übung Ihre Ausführungen zwei- bis dreimal vor. Sie entwickeln sich dann zum Meisterredner.

- **Vergessen Sie nicht, den Vortrag einzuüben.**

Eine andere Möglichkeit, sich Reden und Vorträge einzuprägen, ist schon von den alten Römern und Griechen überliefert, die damals eine simple Methode entwickelten, sich Theaterdialoge zu merken. Sie stellten sich einfach ein imaginäres (oder auch tatsächlich vorhandenes) Haus vor, das in einer bestimmten Reihenfolge durchwandert wurde. Zuerst ging man z. B. durch das Vestibül (alles klar?), danach durch das Badezimmer, anschließend durch den Wohnraum

usw. In jedem Raum befanden sich an festgelegten Plätzen bestimmte Gegenstände. Die Theaterdialoge verknüpfte man dann sinngemäß so mit den Gegenständen, dass beim Durchwandern des Hauses die Handlung des Theaterstücks abgerufen werden konnte.
Diesen Trick können auch Sie anwenden. Sehen Sie sich die nachfolgende Skizze einer Wohnung an. Sie besteht aus drei Zimmern, Küche und Bad. In jedem Raum befinden sich typische Gegenstände. Wichtig ist, dass sich die Gegenstände immer an der gleichen Stelle im Raum befinden. Durchschreiten Sie jetzt gedanklich die Wohnung im Uhrzeigersinn, und wandern Sie, ebenfalls im Uhrzeigersinn, die jeweiligen Gegenstände in den Räumen ab. Gehen Sie also zuerst in das Arbeitszimmer, und stellen Sie sich in der linken vorderen Ecke eine Stehlampe vor. Danach gehen Sie entlang des Bücherregals zum Schreibtisch. Nachdem Sie sich in Ihrer Phantasie in der letzten Ecke ein Bild – vielleicht einen Picasso, besser noch Ihr Lieblingsbild – vorgestellt haben, verlassen Sie nun den Raum und marschieren schnurstracks in das Schlafzimmer. Durchwandern Sie jetzt die ganze Wohnung nach dem beschriebenen Verfahren.

Das Verknüpfen von Informationen mit Gegenständen in einer fiktiven oder realen Wohnung bewährt sich vor allem beim Vortragen und freien Reden.

So könnte eine Wohnung aussehen, die Ihrem Gedächtnis hilft. (Der rote Pfeil markiert den Startpunkt.)

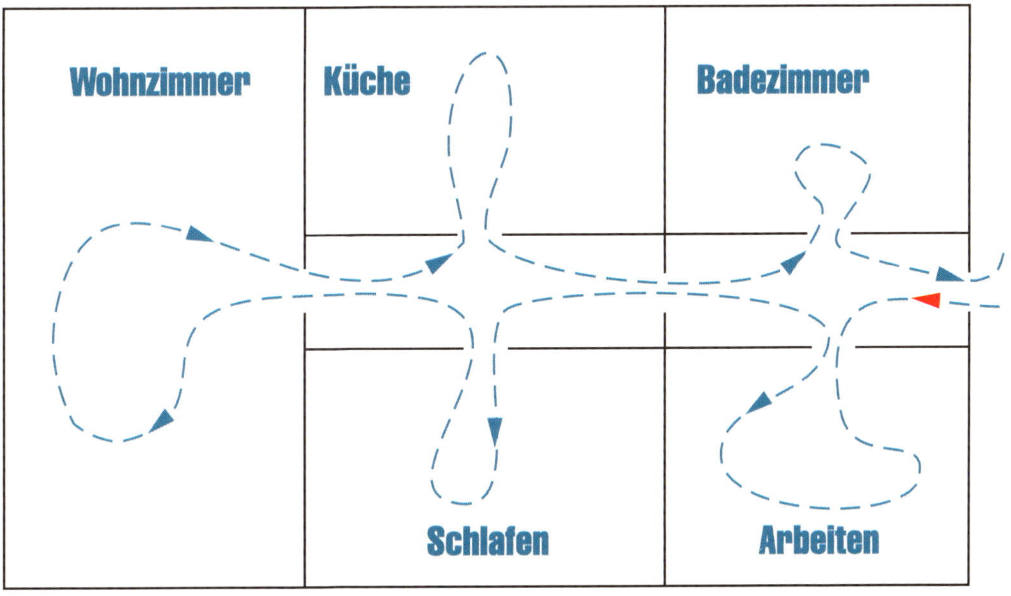

Fertig? Gut! Ich zeige Ihnen jetzt den enormen Vorteil dieser Methode. Angenommen, Sie müssten an einem Tag Folgendes erledigen:

- Telefonat mit Herrn Kordolas führen
- Briefe zur Post bringen
- Einkaufen (Brot, Eier, Butter, Käse, Gemüse, Shampoo, Senf)
- Einem Bekannten zum Geburtstag gratulieren
- Mit Ihrer Tochter über eine bevorstehende Klassenfahrt reden

Der Gedächtnisrundgang

Auch hier gilt für die Verknüpfung: Je ausgefallener die Assoziation, desto besser lässt sich die Information merken und abrufen. Als Beispielwohnung können Sie ohne weiteres Ihre eigene Wohnung nehmen.

Sie beginnen nun Ihren Rundgang durch Ihre Gedankenwohnung: Stellen Sie sich zunächst eine Stehlampe vor. Große Stehlampen haben meistens eine Kordel, um das Licht ein- und auszuschalten. »Kordel« hört sich ähnlich an wie »Kordolas«! Als Nächstes assoziieren Sie das Regal mit den Briefen, die Sie noch zur Post bringen müssen. Stellen Sie sich vor, dass das ganze Regal mit Briefen gefüllt ist und überhaupt kein Buch mehr Platz findet. Auf dem Schreibtisch liegen derart viele Brotkrümel, dass Sie gar nicht daran arbeiten möchten. Einfach schauderhaft! Stellen Sie sich weiter vor, jemand hat Ihr Lieblingsbild mit Eiern beworfen – aus welchem Grund auch immer. Sie wollen sich abends ins Bett legen und bemerken, wie Sie unter der Decke mit weicher Butter in Berührung kommen. Igittigitt! Danach öffnen Sie den Schrank, und der Duft von sehr altem Käse steigt Ihnen in die Nase. Wie schrecklich! Auf das Sofa im Wohnzimmer können Sie sich nicht hinsetzen, weil darauf alle Arten Gemüse liegen. Schließlich schalten Sie das Fernsehgerät an. Auf allen Kanälen wird jedoch nur Werbung für Shampoo gezeigt. Äußerst spannend! Ihr Blick fällt auf die Palme. Was ist das denn? Da hat doch irgendjemand die Blätter mit Senf bestrichen. Scheußlich, scheußlich! Als Sie das Telefon passieren, fällt Ihnen ein, dass Sie noch einem guten Bekannten zum Geburtstag gratulieren müssen. Als letzte Station wandern Sie zum Herd. Sie haben sich fest vorgenommen, für Ihre Tochter ihr Lieblingsessen zu kochen, um mit ihr Einzelheiten über die bevorstehende Klassenfahrt zu besprechen.

Spazieren und das Gedächtnis trainieren

Je außergewöhnlicher die assoziative Verknüpfung, desto besser ist die Behaltensleistung. Wenn Sie nun frühmorgens als Erstes einen kleinen gedanklichen Spaziergang durch Ihre Beispielwohnung machen, können Sie Ihr Tagespensum nicht vergessen! Dieses Verfahren lässt sich auf alle Informationen gut anwenden, die nacheinander gemerkt werden sollen. Für Reden und Vorträge trifft das besonders zu. Hängen Sie einfach Schlüsselinformationen an die Gegenstände der Wohnung. Vor Ihrem geistigen Auge nehmen Sie dann während Ihrer Rede die Informationen wieder ab. So können Sie keine wichtigen Fakten vergessen.

Vergessen Sie das Vortragstraining mit »Gerhard« nicht, wenn Sie eine mündliche Prüfung bestehen oder eine Rede halten müssen. Denn: Wer sprechen will, muß das Sprechen üben!

Gegenstände in der Wohnung müssen immer am gleichen Platz stehen.

Das System ist selbstverständlich ausbau- bzw. veränderungsfähig. Reicht Ihnen die Anzahl der Gegenstände in der Wohnung nicht aus, können Sie sich welche dazudenken. Sie sollten jedoch niemals unbedacht die Wohnung »umräumen«, wenn Sie diese Form des Gedächtnistrainings praktizieren.

Zu0a33e28a00u26

- Beschriften Sie Karteikarten nie nur mit Wörtern. Beziehen Sie die rechte Gehirnhälfte mit ein, und fertigen Sie Skizzen an.
- Fremdwörter, Vokabeln, technische Ausdrücke und Texte lernen Sie besser, indem Sie das Wort bzw. einzelne Wortsilben in ähnliche, Ihnen bekannte Wörter transformieren und sich dann eine bildliche Vorstellung davon machen.
- Bange machen gilt nicht! Auch Formeln und mathematische Gesetze lassen sich mit Bildern darstellen.
- »Dokimasie« = ?
- »Vestibül« = ?
- »Grüne Bohnen« auf Französisch = ?
- »Flasche« auf Französisch = ?
- Karteikarten eignen sich zur Vorbereitung von Reden und Vorträgen.
- Werden Sie zum Meisterredner dank »Gerhard« und Ihrer »Gedankenwohnung«.

DER ZAHLEN-BUCHSTABEN-KODE

Eine der verblüffendsten Methoden: Zahlen werden bestimmten Konsonanten und Lauten zugeordnet, aus denen sich Merksätze bilden lassen. Je ungewöhnlicher diese Merksätze und Eselsbrücken sind, desto sicherer helfen sie weiter. So lassen sich lange Zahlenreihen und wichtige Geheimkodes vor dem Vergessen retten.

Der sichere Nummernspeicher

Nie wieder Zahlen vergessen

3ü00e2 0ie zu4ü795ä11e42, u3 1ie0e2 0a1z e2165ü00e52 zu 7ö22e2? Ja? Halb so schlimm. Stellen Sie doch einfach für jeden Zahlen-Buchstaben-Kode mehrere Lernkarten her.
Schauen Sie sich bitte die nachfolgende Riesenzahl einige Sekunden lang an. Nun decken Sie sie ab, und versuchen Sie, die Zahl aus dem Gedächtnis aufzuschreiben.

3,1415926535897935

Diese irrsinnig lange Zahl ist die Kreiszahl π, die Sie bestimmt aus dem Mathematikunterricht kennen, bis auf 16 Stellen hinter dem Komma. Sie denken vielleicht: » So eine lange Zahl kann man sich doch unmöglich merken!« Sie haben Recht; einfach ist es nicht. Deshalb mache ich Ihnen einen Vorschlag. Versuchen Sie , die folgende Zeile nach einiger Zeit der Betrachtung auswendig hinzuschreiben. Sie werden merken, dass das gar nicht so schwierig ist.

Den Zahlen-Buchstaben-Kode, den Sie in den ersten Kapiteln dieses Buches kennen gelernt haben, können Sie jetzt praktisch anwenden. Dazu formulieren Sie Merksätze mit den Konsonanten, die sich aus den Zahlenzuordnungen ergeben.

Mütter, die lieben Schule. Mal auf Pauke, Po, Maul.

Es ist nun nicht schwer, sich vorzustellen, wie Ihre Mutter aufpasst, dass Sie Ihre Schularbeiten immer ordentlich erledigen. Ansonsten gibt es eine Standpauke, oder – übertreiben wir einmal – Sie bekommen etwas auf Ihren Po bzw. auf Ihr Maul, wenn Sie die Kreiszahl π nicht lernen. Allein der Gedanke daran lässt Sie diese Wortkombination nie vergessen. Doch wozu dieses Wortspiel? Ersetzen Sie alle Konsonanten, die Sie aus dem Zahlen-Buchstaben-Kode gelernt haben. Beachten Sie dabei folgende Regeln:

- Für Doppelkonsonanten wie »tt« im Wort »Mütter«, die man wie einen Konsonanten ausspricht, wird nur eine Zahl geschrieben.
- Es ist gleichgültig, ob der Konsonant groß- oder kleingeschrieben wird. Er entspricht immer derselben Zahl.

Hier noch einmal die Zuordnungen:

s, ss, ß	= 0	l	= 5
d, t	= 1	sch, g	= 6
n	= 2	k, ck	= 7
m	= 3	f, v	= 8
r	= 4	b, p	= 9

Erstellen Sie sich zur Übung eine Kodeworttabelle für die Zahlen 1 bis 100.

Mütter, die lieben Schule. Mal auf Pauke, Po, Maul.
3 1 4 1 5 9 2 6 5 3 5 8 9 7 9 3 5

Vergleichen Sie die Zahlenreihe unter der Wortzeile mit der Kreiszahl π. So ein Zufall! Es ist die gleiche Zahl. Jetzt wissen Sie auch, warum Vokalen (a, e, i, o, u), Umlauten (ä, ö, ü) und Doppellauten (ei, au, eu, äu) keine Zahlen zugeordnet wurden. Sie dienen als Füllzeichen, um ein Wort zu bilden. Mit den scheinbar unsinnigen Sätzen »Mütter, die lieben Schule. Mal auf Pauke, Po, Maul« können Sie von nun an immer die Kreiszahl π konstruieren, wenn Sie nur die Konsonanten durch die dazugehörigen Zahlen ersetzen!

Zahlen und Daten kann man sich leichter merken, wenn der entsprechende Zahlen-Buchstaben-Kode verwendet wird.

■ **Vokale, Umlaute und Doppellaute dienen nur als Füllzeichen.**

Der Clou dieses Verfahrens liegt somit klar auf der Hand. Von nun an wird es für Sie überhaupt kein Problem mehr sein, sich Zahlenkombinationen zu merken, etwa:

- Telefon- und Faxnummern
- Fünfstellige Postleitzahlen
- Adressen
- Geheimzahlen für Kredit- und Scheckkarten
- Preise
- Paragrafen usw.

Telefon- und Faxnummern

Wem ist das noch nicht passiert: Man sucht sich eine Telefonnummer aus dem Telefonbuch heraus, wählt die ersten zwei bis drei Zahlen und legt dann den Hörer wieder auf. Die restlichen Zahlen fallen einem nicht mehr ein. Diese Situation gehört für Sie ab sofort der Vergangenheit an. Mit Hilfe der Zahlen-Buchstaben-Kodierung brauchen Sie sich nur noch ein oder mehrere Wörter zu merken! Ein Beispiel:

Angenommen, Sie haben im Zweiten Deutschen Fernsehen soeben eine spannende Sendung gesehen und wollen Ihre Begeisterung der Redaktion telefonisch mitteilen. Von der Auskunft haben Sie sich die Telefonnummer (06131) 701 besorgt. Die Konsonantenfolge lautet somit:

Mit Hilfe eines kurzen Merksatzes, der die Telefonnummer in kodierter Form enthält, vergessen Sie die Telefonnummer von Freunden und Geschäftspartnern nicht mehr.

Vorwahl für Mainz:	0	6	1	3	1
	s, ss, ß	sch, g	d, t	m d,	t

Rufnummer ZDF:	7	0	1
	k	s, ss, ß	d, t

»**S**au**g**u**t**! **M**u**t**! **K**i**st**e!« Die **saugute** Sendung hat Sie derart begeistert, dass Ihnen spontan diese Worte einfallen. Die Redakteure haben bei ihren Recherchen viel **Mut** bewiesen. Und gesehen haben Sie das Ganze in der Glotz**kiste**. Mit drei Wörtern ist nun die Telefonnummer

Manche Zahlenkombinationen sollten nur Sie wissen – und Sie sollten sie nicht vergessen.

für Sie jederzeit abrufbar. Denn aus »Saugut! Mut! Kiste!« wird durch s = 0, g = 6, t = 1, m = 3, t = 1, k = 7, s = 0, t = 1 immer die gesuchte Telefonnummer. Selbstverständlich sind auch andere Varianten denkbar. Wie wäre es mit »**S**o **gut** **Mutti** **küsst**e«? Stellen Sie sich vor, Ihre Mutter ist wahnsinnig in einen Nachrichtensprecher verliebt. Jeden Abend sitzt sie vor dem Fernsehgerät und küsst den Bildschirm. Es macht nichts, wenn der Zusammenhang zwischen Nummer und Wörtern grotesk ist. Im Gegenteil: Je absurder die Verbindung ist, desto besser merken Sie sich die kodierten Wörter.

Machen Sie sich doch mit Ihren Kolleginnen und Kollegen einen Sport daraus, die geschäftsinternen Rufnummern zu kodieren. So lassen sich auch die Telefonnummern von Kegelfreunden oder Chorkollegen besser merken.

Übung macht den Meister

Die ersten Versuche, eine Nummer in ein Wort zu »übersetzen«, werden Ihnen vielleicht ein bisschen Mühe bereiten. Aber schon mit den ersten Telefonnummern, die Sie auf diese Weise abspeichern, merken Sie, wozu Ihr Gedächtnis in der Lage ist. Mit ein wenig Übung werden Sie immer besser und haben zunehmend Spaß daran, Zahlen mit der Kodierung in kurze Sätze zu verwandeln.
Warum merken Sie sich nicht einfach die Vorwahlnummern einiger Städte? Oder speichern Sie sich doch von einigen europäischen Ländern – vielleicht fahren Sie ja demnächst in Urlaub – die deutsche Vorwahl ab.

Welche Wörter fallen Ihnen zu folgenden Telefonnummern ein?
Vorwahl Berlin: 030 Kode: . . . . . Wort: . . . . .
Vorwahl München: 089 Kode: . . . . . Wort: . . . . .
Vorwahl Köln: 0221 Kode: . . . . . Wort: . . . . .
Vorwahl Rostock: 0381 Kode: . . . . . Wort: . . . . .
Vorwahl Deutschland von Italien aus: 0049 Kode: . . . . . Wort: . . . . .

Ein paar Vorschläge

- 030 – »Au**s** **M**ai**s**«

Jemand hat das Brandenburger Tor aus lauter Maiskolben gebaut. Sie nehmen sich einen heraus und knabbern ihn ab.

- 089 – »**S**au**f**, O**p**a!«

Es ist leicht, sich vorstellen, wie lustig es in den Bierzelten der bayrischen Hauptstadt zugeht.

- 0221 – »**S**o**nn**e**nd**ach« (nn = 2 und nicht 22, ch ohne Zahl)

Wie gern wären Sie bei strahlendem Sommerwetter auf dem Dach des Kölner Doms und würden die Sonne genießen.

- 0381 – »E**s** **m**ie**ft**«

Eben sind mehrere Fischkutter im Rostocker Hafen angekommen, die ihren Fang abladen. Es mieft sehr nach Fisch.

- 0049 – »**S**ü**ß**e **R**e**b**e«

Sie sitzen in einem italienischen Café und trinken ein Glas süßen Wein. Die Sonne wärmt Sie, und es geht Ihnen richtig gut. »Erstklassiger Rebensaft«, loben Sie den bestellten Wein.

Verbindungen herstellen

Am besten lassen sich Kodierungen merken, wenn sie in einer sinnvollen Beziehung zum Nummerninhaber stehen. Versuchen Sie also immer, eine Verbindung zwischen beiden zu finden.

Versuchen Sie immer, solche Begriffe zu finden, die inhaltlich mit der zu merkenden Nummer eine Verbindung haben. Angenommen, Ihr Friseur hat die Rufnummer 6519. Daraus könnte man »**G**e**l**ee**t**au**b**e«, »**G**o**ld**p**o«, »**G**e**lt**u**b**e«, »**Sch**a**ld**ie**b**« oder »**Sch**u**lt**i**p**« konstruieren. Natürlich merken Sie sich »Geltube«. Beim nächsten Friseurbesuch stellen Sie sich vor, wie Ihr Friseur mit Unmengen Haar**gel** Ihre Frisur bearbeitet, das er aus einer riesigen **Tube** drückt.
Welche Wörter würden zu der Telefonnummer 946401 einer Stadtverwaltung am besten passen? »**B**ü**rg**e**rst**au« natürlich. Besser geht es beinahe nicht: An seine Stadtverwaltung denkt man, wenn man stundenlang auf ein Formular warten muss.

Achten Sie bei der Erstellung der Wortgruppen auf folgende Regeln

- Ersetzen Sie die Zahlen durch die dazugehörigen Konsonanten, und schreiben Sie diese nebeneinander auf. Füllen Sie nun die Zwischenräume mit Vokalen, und konstruieren Sie mehrere Worte. Versuchen Sie immer, zwei oder drei Konsonanten in einem Wort unterzubringen.
- Doppellaute stehen immer nur für eine Zahl, weil sie häufig wie ein Laut ausgesprochen werden. »Abfall« wird also zu 9, 8 und 5 (Doppel-l).
- Buchstaben ohne Zahlenwert (c, h, ch, j,w, q, x, y), Vokale, Umlaute und Doppellaute werden als Füllzeichen verwendet. Aus »Schweinshaxe« wird somit 620.
- Groß- und Kleinschreibung bleiben bei der Zahlen-Buchstaben-Kodierung unberücksichtigt.
- Wörter und Begriffe prägen sich besser ein, wenn sich ein unmittelbarer Zusammenhang zur kodierten Nummer herstellen lässt.
- Erstellen Sie für jeden Zahlen-Wort-Vergleich eine Lernkarte, und füttern Sie damit den LKC.
- Und nicht vergessen! Zeichnen Sie so viel wie möglich, denn ein Bild sagt mehr als 1000 Worte.

Gerüstet mit diesen Grundregeln, gelingt es Ihnen mit Hilfe des Zahlen-Buchstaben-Kodes im Nu, wichtige Zahlenfolgen in harmlose Sätze zu verschlüsseln.

Faxnummern kodieren Sie nach dem gleichen Verfahren. Aus der Faxnummer 57 28 56, z. B. Ihrer Versicherungsgesellschaft, lässt sich »Wolkenflug« konstruieren. Stellen Sie sich vor, dass ein Pilot so hoch fliegt, dass er den Engeln über den Wolken begegnet.

Postleitzahlen

Die Post hat uns mit der Umstellung auf die neuen, fünfstelligen Postleitzahlen eine schöne Suppe eingebrockt. Mal ehrlich – wie viele neue Postleitzahlen haben Sie bereits gelernt, außer Ihrer eigenen natürlich? Gut, dass Sie jetzt in das Geheimnis der effizienten Zah-

lenspeicherung eingewiesen wurden. Sie können sich eine unbegrenzte Anzahl von fünfstelligen Postleitzahlen merken und müssen nicht immer das Adressbuch aufschlagen. Dummerweise gibt es für größere Städte nun keine einheitlichen Postleitzahlen mehr. Allein für Berlin existieren mittlerweile über 12 300 verschiedene Postleitzahlen, Postfächer nicht eingerechnet! Es hat deswegen keinen Sinn, dass Sie kodierte Postleitzahlen mit einem typischen Element der Stadt (Sehenswürdigkeit, Bauten etc.) assoziieren. Stellen Sie lieber eine direkte Verbindung zum Adressaten her.
Hier gleich mit einem Beispiel. 10557 lautet die Postleitzahl, unter der Sie das Berliner Reichstagsgebäude anschreiben können.

Schlüsselbeispiele

- PLZ Reichstagsgebäude: 10557 = d, t s, ss, ß l l k, ck

»**D**ie**s**e**ll**e**ck**« – Ein Tanklaster steht vor dem Reichstagsgebäude und füllt die Heiztanks. Durch ein **Leck** im Schlauch fließt der **Diesel**stoff auf den Platz der Republik. Alles ist pechschwarz, und es riecht nach Heizöl.

Fassen Sie bei längeren Adressen, die Sie sich merken wollen, die Kodierungen in ein paar Sätzen zusammen, und konstruieren Sie aus den Schlüsselwörtern eine Geschichte.

- 85395 ist die Postleitzahl von Wolfersdorf, wo vielleicht ein naher Angehöriger wohnt.

»**Fl**u**mm**i**b**a**ll**« – Ihr Verwandter und Sie spielen mit einem **Flummiball**. Sie passen einmal nicht auf und bekommen den Flummi direkt aufs Auge. »Aua!« Mit einem blauen Auge verziert, müssen Sie jedem erklären, wie es zu diesem Missgeschick kam.
Bitte nicht vergessen: »mm« und »ll« hören sich wie ein Konsonant an und entsprechen deswegen nur einer Zahl.

Adressen

Kodieren Sie einmal die Postleitzahl von Eppendorf, wo sich beispielsweise Ihr zuständiges Finanzamt befindet. Als Merkhilfe für die Anschrift haben Sie sich folgende Geschichte überlegt:
Sie geben Ihre Steuererklärung persönlich beim Finanzamt ab, das sich in einem prunkvollen **Schloss** befindet. Beim Pförtner erkundigen Sie sich nach dem zuständigen Sachbearbeiter: »Ihr Sachbear-

Wenn einer Ihrer Bekannten oder ein Geschäftspartner eine neue Adresse oder neue Telefon- und Faxnummer erhält, so ist das ein Fall für den Lernkartencomputer. Vielleicht legen Sie sich sogar eine komplette Lerndatei für Adressen und Telefonnummern an?

beiter heißt Affe.« Natürlich rechnen Sie mit einer saftigen Steuerrückerstattung, doch Herr **Affe** sagt Ihnen, dass Sie nichts zurückbekommen. »Dann kann ich meine Steuererklärung gleich in das **Sp**ü**lkl**o werfen«, schreien Sie ihn an.

Die Adresse des Finanzamtes lautet:

Finanzamt Eppendorf
Schlossstraße 8
09575 Eppendorf

»Schloß« ist die Eselsbrücke für den Straßennamen. »Affe«, ein Name, der nun wirklich nicht alltäglich ist, kodiert die Straßennummer (f = 8). Mit dem Wort »Spülklo« (s = 0, p = 9, l = 5, k = 7, l = 5) können Sie die Postleitzahl von Eppendorf kodieren. Selbstverständlich lässt sich daraus auch eine Lernkarte herstellen. Schauen Sie her:

Vorderseite

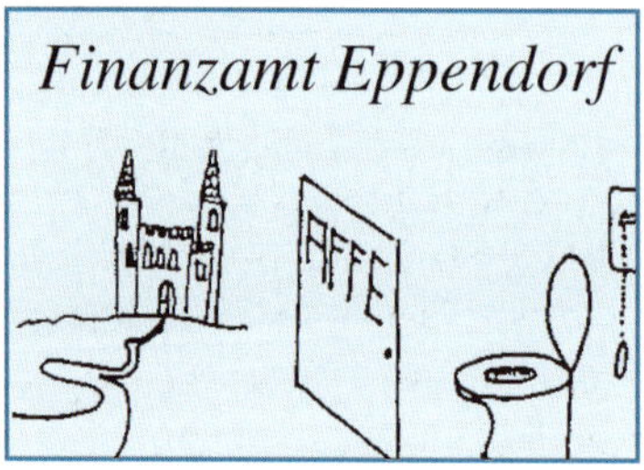

Rückseite

Finanzamt Eppendorf
Schlossstraße 8
09575 Eppendorf

Die ganze Adresse des Finanzamtes auf einer Karte bildlich dargestellt.

Sehen Sie, sogar ganze Adressen lassen sich kodieren. Sie brauchen nur ein wenig Phantasie und Vorstellungskraft.

Geheimzahlen für Kredit- und Scheckkarten

Das Prinzip hat sich nicht geändert. Wandeln Sie die meist vierstellige Zahl in Begriffe um, und stellen Sie einen Zusammenhang zum Kreditinstitut bzw. zur Scheckkarte her. Wenn die Geheimnummer beispielsweise 8673 lautet, lässt sich das Wort »**F**i**schk**a**mm**« konstruieren. Einen Fisch mit einer Rückenflosse aus Scheckkarten können Sie sich ganz bestimmt gut merken. Zeichnen Sie das Bild auf eine Karteikarte. Sie brauchen dann noch nicht einmal die Geheimnummer mit aufzuschreiben, weil Sie die Zahlen-Buchstaben-Kombinationen immer im Gedächtnis haben. Selbst wenn diese Karte in falsche Hände gerät, ist Ihre Nummer immer noch geschützt. Wer weiß schon, dass das Bild eines Fisches mit eckiger Rückenflosse Ihre Geheimzahl ist? Für das beschriebene Beispiel habe ich mir den folgenden Karteikartenaufbau für Sie ausgedacht.

Vorderseite

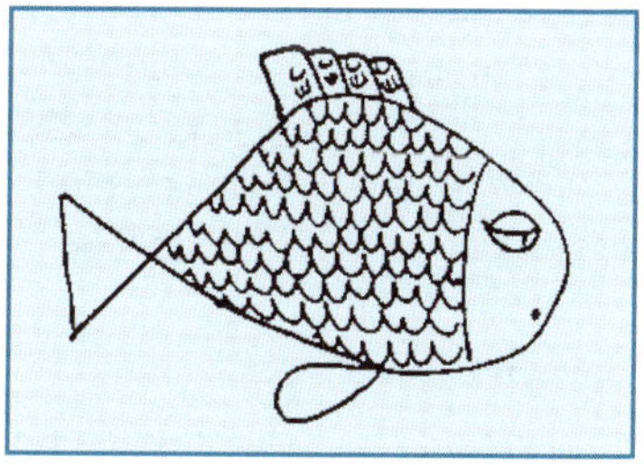

Rückseite

Fischkamm

In diesem merkwürdigen Begriff verbirgt sich die Geheimnummer.

Manchmal ist die Zahlenfolge – und damit auch die Konsonantenfolge – scheinbar nicht in Begriffe umzuwandeln. Entweder die Nummer ist so außergewöhnlich (z. B. 4444), oder Ihnen fallen partout keine Wörter ein. Auch das ist kein Problem. Denken Sie sich einen Satz, eine Redewendung oder einen Reim aus, wobei Sie die umgewandelten Zahlen jeweils an den Anfang jedes Wortes setzen.
Unser Beispiel »4444« können Sie sich bestimmt auch ohne Eselsbrücke merken, der Übung halber lässt sich viermal die Vier in Buchstaben übersetzt »r r r r« etwa zu dem Satz »**R**udi **r**aubt **r**ote **R**üben« formulieren.

Gerade bei Geheimzahlen ist ein sicheres Erinnern notwendig. Vermeiden Sie es unbedingt, Ihre Geheimzahl unkodiert irgendwo zu notieren; für den entstandenen Schaden müssen Sie sonst selbst haften.

Preise behalten und vergleichen

Dieser Abschnitt wird speziell Verkäufer und Kaufleute interessieren. Mit Hilfe der Zahlenkodierung können Sie sich beliebig viele Preise merken. Stellen Sie einfach einen Zusammenhang zwischen Artikel und erzeugtem Zahlenwort her:

Preis Waschmaschine: 2198 DM
Preis Bohrmaschine: 159,98 DM
Preis Tellerservice: 399 DM
Preis Jeans: 126 DM
Preis Halbschuhe: 79,50 DM

So merken Sie sich die Preise

Nicht nur für Verkäufer eignet sich die Kodierung von Preisen nach dem Zahlen-Buchstaben-Kode. Ein diskreter und schneller Preisvergleich ist auch für manchen Käufer eine große Hilfe.

- Preis Waschmaschine: 2198 DM. In Konsonanten übersetzt, entspricht dieser Preis der Buchstabenfolge »**n, t, p, f**« = »Ei**n****t**o**p****f**«. – Ein Kunde steckt einen Teller mit heißer Erbsensuppe in die Waschmaschine. Ganz dreist sagt er zu Ihnen: »Für diesen Preis muss die Maschine so etwas aushalten.«
- Preis Bohrmaschine: 159,98 DM. Übersetzt in Konsonanten: » **t, l, p, p, f**« = »**T**o**ll**e **P**a**pp****f**ee«. – In wochenlanger Arbeit haben Sie mit dieser Bohrmaschine eine überdimensionale Pappfee für einen Kindergarten gebaut. Die Lokalpresse war anwesend und hat Ihre Leistung in der Zeitung gewürdigt. Von Ihrem Chef erhalten Sie, wegen des Werbeeffektes, ein dickes Lob.

Übrigens: Machen Sie sich keine Gedanken wegen des Kommas. Eine Bohrmaschine kann natürlich nicht 15,998 DM (drei Stellen hinter dem Komma) oder 1599,8 DM (die Null fehlt) kosten.

- Preis Tellerservice: 399 DM. In Konsonanten übersetzt: »**m, p, p**« = »A**m** **P**o**p**o«. – Das Motiv des Tellerservice hat Sie so begeistert, dass Sie sich ein Bild davon auf Ihren Allerwertesten haben tätowieren lassen. Ich weiß, natürlich machen Sie das nicht. Aber stellen Sie es sich vor! Sie werden den Preis auf keinen Fall vergessen können.
- Preis Jeans: 126 DM. Das ergibt die Konsonanten: »**t, n, g**« = »**T**a**ng**o«. – Sie sind zu einem Ball eingeladen. Alle Gäste sind im feinen Abendkleid bzw. Anzug erschienen. Nur Sie nicht. Um die Aufmerksamkeit Ihrer großen Liebe zu erwecken, ziehen Sie sich eine Jeans an und tanzen mit ihr bzw. ihm einen Tango. Die Festgesellschaft ist schockiert.
- Preis Halbschuhe: 79,50 DM. Im Zahlen-Buchstaben-Kode entsteht: »**k, b, l, s**« = »**K**a**b**e**l**ei**s**«. – Haben Sie schon einmal Halbschuhe gesehen, bei denen Kabel als Schnürsenkel verwendet worden sind? Der Kabeldraht ist eiskalt, so dass Sie die Schuhe gar nicht zubinden können.

Wenn Sie wollen, lässt sich so für jeden beliebigen Preis eine tolle Geschichte konstruieren. Durch die Anwendung der Zahlen-Buchstaben-Kodierung schulen Sie automatisch Ihre Phantasie bzw. Erfindungsgabe und Ihre Kreativität. Je aktiver und humorvoller die Geschichten sind, umso besser werden Sie sich an die Preise erinnern können.

Im Paragrafendschungel

Wenn Sie nicht gerade Jurist sind, werden Sie sich jetzt bestimmt fragen: »Wozu um alles in der Welt soll ich mir irgendwelche Paragrafen merken?« Dazu möchte ich Ihnen eine Geschichte erzählen, die ich selbst erlebt habe.

Es gibt Situationen, in denen es ganz hilfreich ist, den einen oder anderen Paragrafen auswendig zu kennen.

Ein Beispiel, aus dem Leben gegriffen

Vor einigen Jahren hatte ich mir in einem Kaufhaus einige Büroartikel gekauft. Als ich bezahlt hatte und die Gegenstände in meinen Rucksack steckte, kam ein Mann auf mich zu und stellte sich als

Das Grundgesetz ist die Richtschnur für eine schier unübersehbare Fülle von Rechtsvorschriften. Wer sich darin zurecht findet, hat manchen Vorteil auf seiner Seite.

Kaufhausdetektiv vor. »Guten Tag, wir führen stichprobenartig Taschenkontrollen durch. Darf ich einen Blick in Ihre Tasche werfen?« Auf meine Gegenfrage, warum er das verlange, antwortete er ziemlich unhöflich:»Ich bin per Gesetz dazu berechtigt. Nun stellen Sie sich nicht so an, und zeigen Sie mir den Tascheninhalt.« Mittlerweile hatten sich mehrere Kunden um uns versammelt, und mir war die ganze Sache natürlich peinlich. Selbstverständlich hatte ich nichts gestohlen, aber durch den unbegründeten Verdacht des Kaufhausdetektivs fühlte ich mich trotzdem wie ein Verbrecher. »Und wenn Sie nun nichts bei mir finden?« fragte ich den Mann provozierend. »Wenn Sie wollen, kann ich auch gleich die Polizei holen, die nehmen Sie dann mit aufs Revier!« Auf eine Diskussion wollte er sich offensichtlich nicht einlassen, und so zeigte ich ihm murrend meinen Tascheninhalt. »Na bitte, war das denn so schlimm?« triumphierte er über das ganze Gesicht. Sich bei mir zu entschuldigen, hielt er für überflüssig. Sie können sich vorstellen, dass ich sehr verärgert über die Situation war.

Die Rechtslage, wie sie wirklich ist

Ohne Verdachtsmoment ist kein Kaufhausdetektiv berechtigt, in Ihre Taschen zu schauen. Sie können sich zu Recht weigern, Ihren Tascheninhalt stichprobenartig kontrollieren zu lassen.

Einige Wochen später hatte ich Gelegenheit, mit einem befreundeten Rechtsanwalt über den Vorfall zu sprechen. Schließlich behauptete der Kaufhausdetektiv, dass er laut Gesetz dazu befugt sei, stichprobenartig Taschen zu kontrollieren. Ich staunte nicht schlecht, als mein Freund mir folgende Informationen gab:

Prinzipiell sind stichprobenartige oder systematische Taschenkontrollen nicht erlaubt! Nur wenn ein Diebstahl beobachtet wurde, ist eine Durchsuchung der Taschen gestattet. Dazu muss der Kaufhausdetektiv oder Verkäufer einen konkreten Beweis liefern. Er hätte also zu mir sagen müssen: »Sie haben einen silberfarbenen Kugelschreiber zu 14,99 DM in Ihrem Rucksack versteckt.« Selbst Hinweisschilder mit der Aufschrift »Achtung, wir führen im Interesse der ehrlichen Kunden Taschenkontrollen durch« berechtigen nicht dazu.

Angenommen, ein Kaufhausdetektiv macht sich ohne konkreten Beweis trotzdem an Ihren Einkaufstaschen zu schaffen, um sie zu durchsuchen, dann dürfen Sie sich dagegen wehren. Das Bürgerliche Gesetzbuch (BGB) sagt im Paragrafen 858, dass die Wegnahme der Einkaufstasche eine »verbotene Eigenmacht« darstellt. Und es kommt noch besser. Gemäß Paragraf 859 BGB haben Sie sogar die Möglichkeit, gewaltsam gegen die Taschenwegnahme vorzugehen. Wortgemäß heißt es dort: »Der Besitzer darf sich verbotener Eigenmacht mit Gewalt erwehren.« Manche Kaufhausangestellte gehen so weit, dass Sie einen Kunden, wenn er die Tasche nicht freiwillig herzeigen will, mit einer Drohung daran hindern, das Geschäft zu verlassen. Das kann dann schon eine Nötigung darstellen, die im Paragrafen 240 des Strafgesetzbuches (StGB) geregelt ist. Ganz schlimm wird es, wenn Sie massiv daran gehindert werden, das Kaufhaus zu verlassen. Nach Paragraf 239 StGB stellt das womöglich den Straftbestand der Freiheitsberaubung dar.

Selbst wenn Sie höflich aufgefordert werden und als der (oder die) Klügere zum Nachgeben bereit sind – Sie dürfen, müssen sich aber nicht kontrollieren lassen, wenn nichts Konkretes gegen Sie vorgebracht wird.

Gott sei Dank war es bei mir nicht so weit gekommen. Dennoch fühlte ich mich beleidigt. Schließlich wurde ich vor mehreren Kunden wie ein Dieb behandelt. Da es bei mir nun wirklich keine konkreten Anhaltspunkte gab, die auf einen Diebstahl hindeuteten, hätte ich nach Paragraf 185 Strafgesetzbuch (Beleidigungsparagraf) den Detektiv anzeigen können. Das erschien mir dann doch ein bisschen übertrieben.

In einem höflichen Brief an die Geschäftsleitung habe ich die rechtliche Situation geschildert. Die Antwort kam prompt. Die Geschäftsleitung entschuldigte sich für das Vorgehen des Angestellten (der angeblich abgemahnt wurde) und schickte mir zur Wiedergutmachung einen Warengutschein in Höhe von 250 DM.

Mit dem Zahlen-Buchstaben-Kode gewappnet

Seit diesem Tag habe ich mir geschworen, meine Taschen nicht ohne konkrete Anschuldigung vorzuzeigen. Natürlich habe ich mir die entsprechenden Paragrafen nach dem Zahlen-Buchstaben-Kode gemerkt. Für die einzelnen Paragrafen könnten die Zusammenhänge folgendermaßen aussehen:

Paragraf 858 BGB – (Verbotene Eigenmacht): **f**, **l**, **f** in kodierter Form.

»Au**fl**au**f**« – In einem heftigen Wortgefecht verlangt ein Kaufhausdetektiv von Ihnen, dass Sie Ihre Tasche vorzeigen, obwohl Sie nichts gestohlen haben. Sie diskutieren so laut, dass ein riesiger Menschen**auflauf** entsteht.

Lassen Sie sich nicht einschüchtern durch Drohungen. Ein Kaufhausdetektiv hat meist viel weniger Kompetenzen, als er Sie glauben machen will.

Vergessen Sie nicht, sich hierfür eine Lernkarte anzufertigen. Zeichnen Sie Ihre gefundenen Begriffe skizzenhaft auf eine Seite der Karte, auf die andere schreiben Sie den entsprechenden Paragrafen.

Vorderseite

Rückseite

Auflauf
§ 858 BGB

Karteikarte »Verbotene Eigenmacht«

Paragraf 859 BGB – (Selbsthilfe des Besitzers): **f, l, p** im Zahlen-Buchstaben-Kode.
»**Fl**a**pp**e« – Der Detektiv macht sich an Ihrer Tasche zu schaffen und will sie Ihnen aus der Hand reißen. Zack! Mit einer kräftigen Ausholbewegung hauen Sie ihm die Tasche auf die **Flappe**.
Ein möglicher Lernkartenaufbau wäre:

Vorderseite

Rückseite

Flappe
§ 859 BGB

Karteikarte »Selbsthilfe des Besitzers«

Paragraf 240 StGB – (Nötigung): **n, r, s** in Buchstaben übersetzt.
»Ei**n** **R**ie**s**e« – Der Detektiv droht Ihnen: »Wenn Sie mir nicht sofort Ihre Tasche zeigen, machen Sie Bekanntschaft mit unserem Wachpersonal.« Er zeigt dabei auf die Ausgangstür. Dort sehen Sie eine Hundehütte, groß wie ein Mehrfamilienhaus. »Dort befindet sich **ein Riese** von einem Hund«, sagt der Detektiv.

Vorderseite

Rückseite

Ein Riese

§ 240 StGB

Karteikarte »Nötigung«.

Paragraf 239 StGB – (Freiheitsberaubung): **n, m, p** in Konsonanten umgewandelt.
»Nur mit Prügel« – Nur so schafft es ein Kaufhausangestellter, Sie am Verlassen des Geschäftes zu hindern. Selbstverständlich werden Sie ihn u. a. wegen Freiheitsberaubung anzeigen.
Für diese Zahlenkombination ist es nicht leicht, eine passende Wortkombination zu finden (probieren Sie es aus). Deswegen habe ich mich dafür entschieden, nur die Anfangsbuchstaben einer Wortzeile zu kodieren.

Vorderseite

Rückseite

Nur mit Prügel

§ 239 StGB

Karteikarte »Freiheitsberaubung«.

Paragraf 185 StGB – (Beleidigung): **t, f, l** in Buchstaben umgewandelt.
»Tafel« – Beim Betreten des Kaufhauses sehen Sie eine große Tafel, auf der Ihr Gesicht abgebildet ist. Darüber steht in Druckbuchstaben: »Achtung! Dieser Mensch ist ein mehrfacher Ladendieb.« Sie ärgern sich maßlos über diese Unverschämtheit und stellen Strafanzeige wegen Beleidigung.

Sie sehen – es gibt eigentlich nichts, was sich nicht auf Karteikarten darstellen lässt.

Vorderseite **Rückseite**

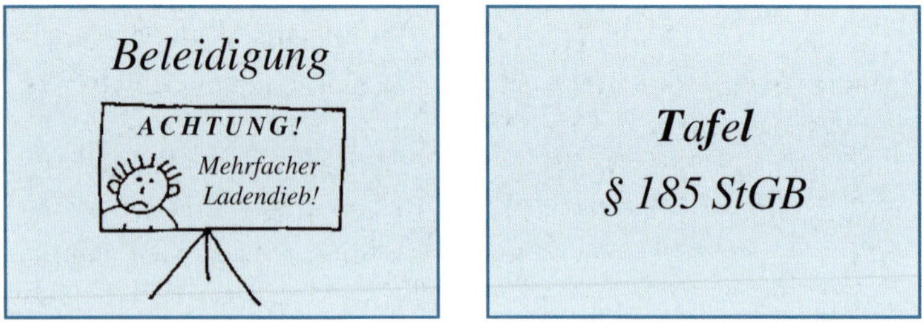

Karteikarte »Beleidigung«.

Die Probe aufs Exempel

Mittlerweile hat sich die Mühe des Paragrafenlernens für mich schon gelohnt. Vor einiger Zeit habe ich mir in einem Musikladen einige CDs gekauft. Die Tonträger werden mittlerweile elektronisch gesichert, so dass bei nicht entferntem Siegel beim Verlassen des Geschäfts ein Signal ertönt. Die Kassiererin hatte wohl vergessen, bei einer CD die elektronische Sicherung zu entfernen. Ich ging durch die Schranke, und die Sirene begann zu heulen. An der Tür stand ein Wachmann, der mich aufforderte, ohne die gekauften CDs noch einmal die elektronische Sicherung zu passieren. »Wieso?«, fragte ich den Wachmann. »Ich will nur sichergehen, dass Sie nichts gestohlen haben«, antwortete er. Das war mein Stichwort. Sofort rasselte ich die rechtliche Situation mit allen Paragrafen herunter. Ich sagte ihm, dass ich das nicht freiwillig tun würde und er mich schon mit Gewalt durch die Schranke schleifen müsse. Wenn er dann aber kein Diebesgut bei mir finde, werde er die Konsequenzen tragen müssen. Nachdem ich die Rechtslage noch einmal dem mittlerweile hinzugekommenen Geschäftsführer dargelegt hatte, durfte ich den Laden schließlich ungeprüft verlassen.

Das Mietrecht und das Straßenverkehrsrecht wären Beispiele für weitere Gebiete, bei denen es sich für viele lohnt, wenn sie ein paar gesetzliche Vorschriften auswendig kennen.

Die Mühe lohnt sich

Sie werden sehen – haben Sie eigene Erfahrungen gemacht, fällt Ihnen die Anwendung des Zahlen-Buchstaben-Kodes noch viel leichter. Am Anfang heißt es dranbleiben und ein bisschen Zeit investieren, doch das Kodieren wird schnell zu einer nützlichen Gewohnheit.

Was noch?

Die Palette der Beispiele ließe sich fortführen. Das Grundprinzip der Zahlenkodierung bleibt dabei immer das gleiche. Wenn Sie wollen, können Sie auch noch die nicht belegten Konsonanten des Alphabets den Zahlen zuordnen. Oder Sie wählen einen eigenen Kode. Der Phantasie sind keine Grenzen gesetzt. Wichtig ist, dass Sie den Zahlen-Buchstaben-Kode tatsächlich auch regelmäßig benutzen. Nach den ersten Versuchen merken Sie, wie leicht sich Zahlen jeder Art merken lassen. Nach einer gewissen Zeit sind Sie dann so geübt, dass Ihnen schnell Kodierungssätze einfallen.

Weitere Anwendungen sind z. B.:

- Kontonummern (wissen Sie Ihre auswendig?)
- Geschichtsdaten
- Geburtstage und Jubiläen
- Konfektionsgrößen (speziell für Männer)
- Inventarnummern
- Autonummernschilder
- Ausweisnummern

Bestimmt wissen Sie schon ein Gebiet, das Ihnen wichtig ist und wo Sie die Zahlen-Buchstaben-Kodierung anwenden können. Zögern Sie nicht lange, frisch ans Werk!

Der Mensch als Datenträger. Ob Steuernummer oder Bankleitzahl – für jeden von uns gibt es eine ganze Reihe von Zahlenkombinationen, die wir uns merken müssen.

BRAINFOOD ZUR GEISTIGEN STÄRKUNG

Dem Menschen ist es unmöglich, sich auf zwei Dinge gleichzeitig zu konzentrieren. Und gerade wenn es wichtig wäre, konzentriert bei einer Sache zu sein, stört jedes Geräusch, jeder Luftzug. Doch auch die Konzentrationsfähigkeit lässt sich leicht einüben.

Power fürs Gehirn

Die Konzentrationsfähigkeit verbessern

Zur geistigen Konzentration gehört auch die körperliche Hinwendung: Alle Sinne konzentrieren sich auf den Gegenstand, den es mit allen Fasern des Körpers zu erfassen gilt.

Die Situation ist Ihnen bekannt: Sie wollen etwas einkaufen und überlegen sich, was Sie besorgen müssen: beispielsweise Eier, Käse, Wurst, Milch, Brot, Oliven usw. Wie oft ist es schon vorgekommen, dass Sie mindestens einen oder sogar mehrere Artikel vergessen haben? Wie schon dargestellt, schiebt man das schnell auf ein »schlechtes Gedächtnis«. Tatsächlich ist man jedoch nur unkonzentriert. Vielleicht haben Sie sich auf dem Einkaufsweg mit einem wichtigen Termin beschäftigt, der Ihnen noch bevorsteht. Möglicherweise haben Sie vor dem Einkauf einen Blick auf das Fernsehprogramm geworfen und dabei einen interessanten Spielfilm entdeckt, den Sie sich unbedingt am Abend ansehen wollen.

Konzentriert sein heißt: Die gesamte Aufmerksamkeit richtet sich auf einen Punkt.

Um sich wirklich an alle Dinge im Supermarkt zu erinnern, ist es notwendig, alle ablenkenden Nebeneffekte auszuschalten.

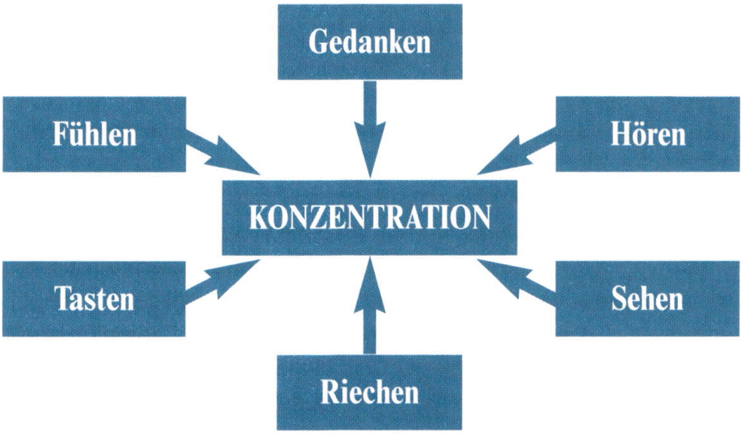

Alle Sinnesorgane bündeln sich auf einen Konzentrationspunkt.

Sich zu konzentrieren braucht Kraft und Energie. Längeren Konzentrationsphasen müssen daher in sinnvollen Abständen entspannende Ruhepausen folgen.

Sobald die Aufmerksamkeit durch einen äußeren Umstand gestört wird, ist man unkonzentriert. Stellen Sie sich vor, Sie müssten sich mit hungrigem Magen auf eine wichtige Prüfung vorbereiten. Sie konzentrieren sich auf einen bestimmten Sachverhalt, und plötzlich bemerken Sie, wie der Geruch eines köstlichen Essens durch die Tür dringt. Ein fürchterlicher Gedanke, nicht wahr?

Wenn er sich nicht konzentrieren könnte, würde der Mensch alle Informationen mit gleicher Intensität verarbeiten.

Konzentrationsfähigkeit hat, ähnlich wie die zeitliche Orientierung des Gehirns, eine Filterfunktion. Dabei ist nicht das Herausfiltern von Informationen entscheidend, sondern der Schutz vor einer Überflutung an Wahrnehmungen.

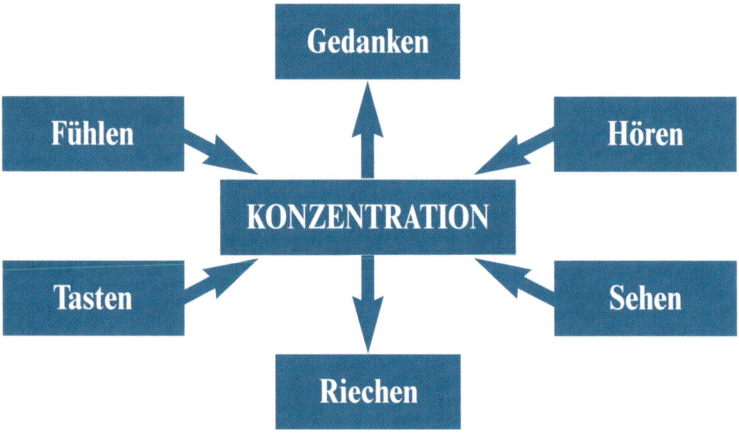

Sie sind nicht mehr voll konzentriert – Essensgeruch lenkt Ihre Gedanken ab.

Mangelnde Konzentration spiegelt sich in folgenden Beispielen, die Sie vielleicht selbst schon erlebt haben, wider:

- In der Küche brennt das Essen an, weil das Telefonat oder die Fernsehsendung irrsinnig spannend ist.
- Ein Geburtstag wird wegen eines arbeitsreichen Tages vergessen.
- Obwohl man gerade im Adressbuch nachgesehen hat, vergisst man die Anschrift eines Verwandten oder Bekannten, weil zum gleichen Zeitpunkt das Lieblingslied im Radio lief.

Häufig erinnert man sich überhaupt nicht mehr an das, was man gerade erledigen wollte. »Verflixt! Jetzt bin ich in die Küche gegangen und weiß nicht mehr, was ich hier eigentlich wollte.«
Stellen Sie sich vor, Sie liegen am Strand und die Sonne scheint Ihnen angenehm auf den Bauch. Sie riechen die Seeluft. Außerdem sind Sie in einen spannenden Krimi vertieft. Die Möwen kreischen in der Ferne. Plötzlich fällt es Ihnen ein. Verdammt! Den Termin, den Sie noch wahrnehmen sollten, haben Sie verpasst. Wie ärgerlich.

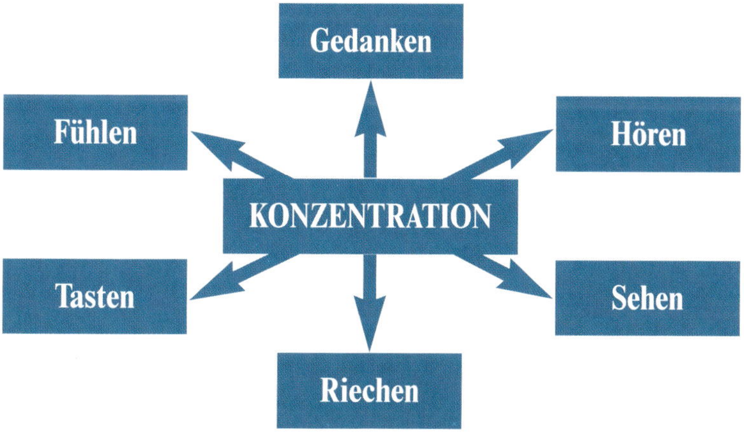

Der Entspannungszustand – alle Sinneskanäle sind aufnahmebereit.

Die beschriebene Situation hat zum Glück auch eine positive Seite. Sich nicht konzentrieren zu müssen führt zu körperlicher und geistiger Entspannung. Sie sammeln dadurch neue Kräfte.
Ist bei jemandem die Konzentrationsfähigkeit nicht besonders ausgeprägt, spricht man schnell vom »zerstreuten Professor«. Aber keine Angst! Mangelnde Konzentration ist nicht angeboren. Sie ist wie das Gedächtnis eine Auswirkung schlechten Trainings.

Meist braucht es einige Anstrengung, die negativen Folgen der Unkonzentriertheit zu bereinigen. Investieren Sie allein schon deshalb Ihre Energie, um sich besser konzentrieren zu können.

- **Konzentrationsfähigkeit kann man trainieren.**

Sicherlich haben Sie ein Hobby. Wie konzentriert sind Sie, wenn Sie als Fußballspieler einen Elfmeter schießen? Oder wären Sie unkonzentriert, wenn Sie als Musiker vor Hunderten von Menschen ein Konzert geben? Und wenn Sie gern angeln, werden Sie zu jeder Zeit

Jeder Mensch ist fähig, sich auf nur eine Sache zu konzentrieren. Durch Übung kann man diese natürliche Konzentrationsfähigkeit jedoch noch steigern.

konzentriert Ihre Posen im Auge behalten. Bei Tätigkeiten, die gern gemacht werden, fällt es nicht schwer, sich zu konzentrieren. Dazu ist meistens kein Training erforderlich. Problematisch wird es, sich auf Tätigkeiten zu konzentrieren, die nicht gern erledigt werden oder die für unwichtig angesehen werden. Prüfen Sie doch einmal Ihre allgemeine Konzentrationsfähigkeit.

Können Sie alle Fragen aus dem Kopf beantworten?

- Was ist auf der Rückseite eines Hundertmarkscheins abgebildet?
- Wie heißen die fünf neuen Bundesländer mit der jeweiligen Landeshauptstadt? Kennen Sie den Namen jedes Ministerpräsidenten?
- Wer wählt den Bundespräsidenten?
- Worin unterscheiden sich die Fischarten Dorsch und Kabeljau voneinander?
- Wer malte die berühmte »Mona Lisa«?

Haben Sie alles gewusst? Nein? Halb so schlimm. Die Antworten können Sie ja jederzeit nachlesen. Obwohl Sie schon oft einen Hundertmarkschein in den Händen hielten, können Sie sich doch nicht an dessen Rückseite erinnern.

Konzentrationsübungen

Trainieren Sie jetzt Ihre allgemeine Konzentrationsfähigkeit. Sie werden merken, dass sich Ihre Aufmerksamkeit beim Lernen dadurch spürbar verbessert. Bevor Sie beginnen, Informationen neu zu verarbeiten (= lernen), nehmen Sie sich einige Minuten Zeit und befassen sich mit einer dieser Übungen. Nehmen Sie sich nicht zu viel vor. Sie wissen ja: Weniger ist mehr!
Bei einigen Übungen werden Sie ein Ergebnis erhalten. Vergleichen Sie Ihre Ergebnisse mit den Lösungen, die wir in einigen Fällen gleich dazu geschrieben haben.

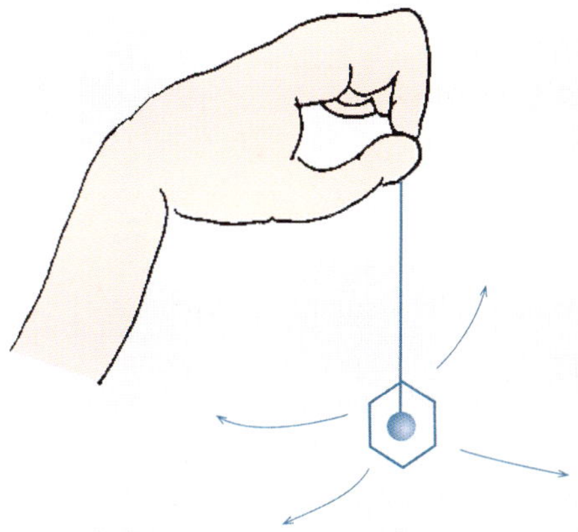

Mit etwas Übung schwingt das Pendel so, wie Sie es wollen.

Konzentrationsübung Nr. 1: Pendelübung

Basteln Sie sich zuerst ein Pendel. Das ist gar nicht schwer. Sie benötigen lediglich eine 30 bis 40 Zentimeter lange Schnur und ein Gewicht, das Sie an einem Schnurende befestigen. Als Pendel eignen sich z.B.: Schraube, Schraubenmutter, Schlüssel, Flaschenöffner oder Korkenzieher.

Wenn Sie nun das eine Schnurende zwischen Daumen und Zeigefinger festhalten, sollte der Gegenstand bei aufgestütztem Ellbogen unmittelbar über der Tischoberfläche frei schweben. Übrigens: Halten Sie das Pendel mit der »stärkeren« Hand, die Sie auch sonst überwiegend benutzen.

Lassen Sie das Pendel nach allen Seiten hin- und herpendeln oder sich im Kreis bewegen. Atmen Sie nun ruhig und gleichmäßig. Konzentrieren Sie sich auf den Gegenstand. Achtung! Arm und Hand dürfen nicht bewegt werden. Das ist zuerst nicht ganz einfach, versuchen Sie es.

Schließen Sie einen Moment lang die Augen, und entspannen Sie sich. Ihr Aufgabe besteht nun darin, das Pendel in Ruhe zu bringen. Werden Sie dabei nicht ungeduldig. Je nach Gemütslage und momentaner Stimmung kann es einige Zeit dauern, bis es sich nicht mehr bewegt. Haben Sie es geschafft? Gut!

Es ist kein billiger Taschenspielertrick, das Pendel in die gewünschte Richtung schwingen zu lassen. Durch Konzentration auf die gewünschte Richtung lässt sich mit etwas Übung das Pendel steuern.

Erstaunliche Ergebnisse

Wie mächtig das Instrument der gedanklichen Konzentration ist, zeigt das Pendel. Ohne aktive physische Beeinflussung schwingt es in die gewünschte Richtung.

Versuchen Sie nun im nächsten Teil der Übung, mit Hilfe Ihrer Konzentration das Pendel in eine gleichmäßige Bewegung zu versetzen. Lassen Sie es zuerst von links nach rechts und wieder zurück ausschlagen. Danach versetzen Sie das Pendel wieder in Ruhe. Konzentrieren Sie sich jetzt auf die entgegengesetzte Bewegungsrichtung. Das Pendel soll sich auf Sie zu- und danach wieder von Ihnen wegbewegen. Bringen Sie es erneut zur Ruhe. Vielleicht hört sich diese Konzentrationsübung bis hierher etwas eigenartig an. Probieren Sie es aus. Es funktioniert.
Als Nächstes können Sie nun das Pendel in eine kreisförmige Bewegung versetzen. Lassen Sie es zunächst im Uhrzeigersinn kreisen, bringen Sie es anschließend wieder in die Ruhelage, und ändern Sie dann die Drehrichtung des Pendels. Es ist nicht notwendig, dass Sie alle Übungsteile auf einmal ausführen. Fangen Sie langsam an, und steigern Sie dann Ihre Übungseinheiten. Wichtig ist, dass Sie die Übungen kontinuierlich durchführen. Nehmen Sie sich nicht zu viel vor!

Für Fortgeschrittene

Hat sich Ihre Konzentrationsfähigkeit im Lauf der Zeit so stark verbessert, dass sich das Pendel auf Anhieb in eine beliebige Richtung bewegen lässt, können Sie die Übung erweitern. Trainieren Sie nun mit Ihrer »schwachen« Hand. Linkshänder benutzen den rechten Arm als Pendelhalter und umgekehrt. Es kann jetzt vorkommen, dass das Pendel sich nicht wie gewünscht bewegt. Die Ursache hierfür ist bekannt. Wissenschaftler haben herausgefunden, dass durch starke Konzentration gebildete Vorstellungen (hier die Pendelbewegung) an das autonome Nervensystem weitergeleitet werden. Sie steuern also nicht bewusst, sondern die Fingerspitzen bewegen sich, ohne dass Sie es merken bzw. ohne dass es Ihnen bewußt wird. Für die Übung mit Ihrer »schwachen Hand« hat das Konsequenzen. Da Ihr autonomes Nervensystem bisher einseitig den Bewegungsablauf steuerte, ist es besonders schwierig, sich umzugewöhnen. Sie kennen das. Überlegen Sie einmal, wie Sie einen Schneeball oder einen Stein mit Ihrer »schwachen« Hand werfen. Man fühlt sich hilflos bei dem Versuch, die Ausholbewegung auszuführen. Der Schneeball fliegt deshalb auch nicht so weit, wie wenn Sie ihn mit der »starken« – der trainierten – Hand geworfen hätten. Ärgern Sie sich nicht, wenn Sie es nicht so schnell schaffen, das Pendel richtig zu beherrschen.

Genaues Hinschauen ist eine gute Übung zur Konzentration. Prüfen Sie immer sorgfältig, ob Sie alles berücksichtigt haben, ob Sie alle Möglichkeiten in Gedanken durchgegangen sind.

Konzentrationsübung Nr. 2: Quadrate zählen

Zählen Sie aus der abgebildeten Figur die maximale Anzahl der Quadrate ab. Bitte benutzen Sie dafür keine Hilfsmittel, auch nicht Ihre Finger. Hierbei ist ausschließlich Ihre Beobachtungsgabe gefordert. Ein Hinweis: Die Quadrate können unterschiedlich groß sein. Achten Sie darauf, dass ein großes Quadrat aus mehreren kleinen Quadraten gebildet werden kann. Die richtige Lösung lautet: 35 Quadrate.

Entdecken Sie alle Quadrate, die sich in diesem Bild zeigen?

Wie viele Quadrate haben Sie gefunden?

Konzentrationsübung Nr. 3: Symbole zuordnen

Eine Übung, die konzentrierte Ruhe und Stehvermögen verlangt. Geben Sie nicht auf, bevor Sie nicht alle Symbole über die Linien der richtigen Zahl zugeordnet haben.

Auch diese Übung führen Sie bitte ohne jedes Hilfsmittel durch. Welche Zahl gehört zu welchem Symbol? Fahren Sie die Linien, von der Zahl beginnend, mit Ihren Augen entlang, bis Sie am richtigen Symbol angelangt sind. Benutzen Sie nicht Ihre Finger! Die zugehörige Zahl schreiben Sie bitte in die Tabelle.

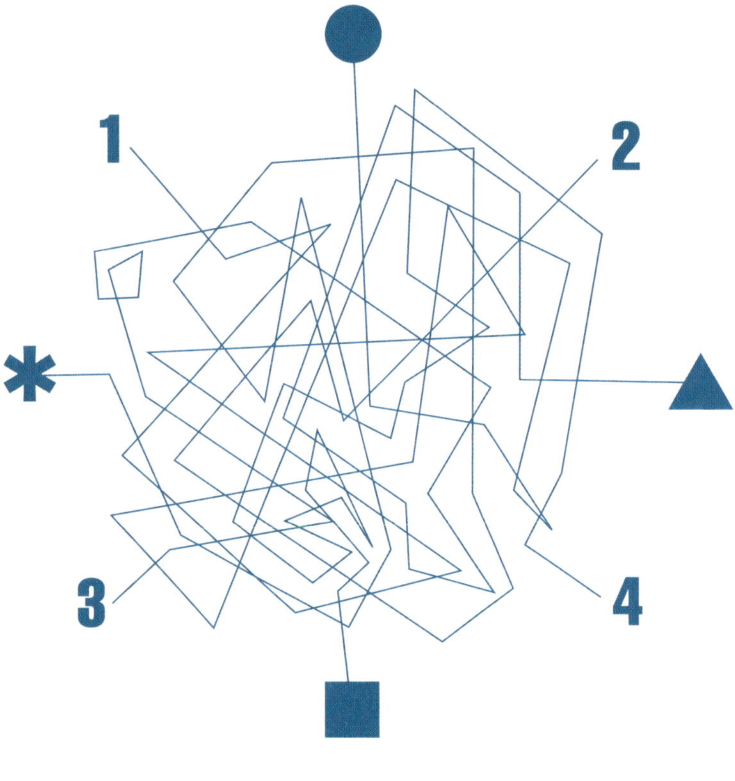

Zur Kontrolle:
Quadrat – 1
Dreieck – 3
Kreis – 4
Stern – 2.

Symbol	■	●	✱	▲
Zugehörige Zahl				

Konzentrationsübung Nr. 4: Figuren erkennen

Halten Sie die Rasterabbildung in einem Abstand von ca. 20 Zentimetern vor Ihre Augen, und schauen Sie konzentriert auf das Muster. Ihr Blick darf nicht nach links oder rechts abschweifen. Schon nach kurzer Zeit merken Sie, wie Ihr Gehirn verzweifelt versucht, aus dem Raster eine geometrische Figur zu konstruieren. Konzentrieren Sie sich auf eine bestimmte Figur (z.B. Rechteck, Quadrat, Dreieck, Kreis usw.). Führen Sie die Übung so lange durch, bis die gewünschte Figur stabil vor Ihrem geistigen Auge entsteht.

Ihr Gehirn vermag oft mehr zu leisten, als Sie ihm zutrauen. Selbst wenn Sie anfangs nur ein wirres Muster sehen, allein durch Konzentration auf eine bestimmte Figur wird diese Figur entstehen.

In dieser Rasterfläche verbergen sich die verschiedensten Figuren.

Konzentrationsübung Nr. 5: Zahlen- und Buchstabenmuster

Stellen Sie sich jede Zahl zwischen 1 und 9 an der Vertikalachse spiegelbildlich vor, und zeichnen Sie das entstandene Muster ein. Verfahren Sie genauso mit den angegebenen Buchstaben.

1 =	**8 =**
2 =	**9 =**
3 =	**A =**
4 =	**B =**
5 =	**K =**
6 =	**R =**
7 =	**S =**

Konzentrationsübung Nr. 6: Texte lesen

Jetzt wird es etwas schwieriger. Sie sehen unten eine fortlaufende Textzeile. Leider fehlen zwischen den Wörtern die Leerzeichen. Es sind auch keine Satzzeichen eingefügt, und sämtliche Buchstaben sind kleingeschrieben. Lesen Sie den Text bitte laut vor (natürlich nur, wenn Sie allein sind).

Erweitern Sie Ihr Seh- und Entschlüsselungsvermögen. Fehlende Wortzwischenräume schärfen Ihre Konzentrationsfähigkeit und lassen Sie ungewöhnliche Dinge schneller entdecken.

dassdaskletternimmerbeliebter
wirdmerktmanschondarandasses
sogarschonpflanzengibtdiesichnach
diesergefährlichensportartbenannt
habenleiderhatdasinternationale
olympischekomiteedenklettersport
zudenolympischenspielennicht
zugelassendatrotzhöchstleistungen
diemaximalespieldauervonzwei
wochenständigüberschrittenwird

Konzentrationsübung Nr. 7: Beobachtungsgabe

Eine Übung, wie sie häufig in der Polizeiausbildung vorkommt. Mitten in einer Lehrveranstaltung erscheint plötzlich eine wildfremde Person und erkundigt sich beim dozierenden Kriminalkommissar nach irgendeiner Lappalie. Einige Zeit später, die Lehrveranstaltung geht weiter, werden die Polizeianwärter nach einer exakten Personenbeschreibung des scheinbar zufälligen Gastes gefragt.

Sinn und Zweck dieser Methode liegen klar auf der Hand: Es sollen Beobachtungsgabe und Aufmerksamkeit bei den Polizisten geschult werden. Sie haben nun folgende Aufgabe:

Überlegen Sie sich am Abend, vielleicht während Sie entspannt im Bett liegen, was Sie in den ersten beiden Stunden des Tages getan und beobachtet haben. Alle Details, seien sie auch noch so belanglos, sind wichtig! Was haben Sie zum Frühstück gegessen? Welche Lieder oder Beiträge haben Sie im Radio gehört? An welche Artikel aus der Tageszeitung können Sie sich erinnern? Welche Personen oder Gesichter sind Ihnen auf dem Weg zur Arbeit in Erinnerung geblieben? Wissen Sie noch, was Sie zuerst an Ihrem Arbeitsplatz erledigt haben?

Der Tagesablauf besteht meist aus einer Verkettung von Situationen, die Sie meist automatisch meistern, ohne sich stark darauf zu konzentrieren. Dabei besteht jedoch die Gefahr, wichtige Details zu übersehen. Üben Sie deshalb, Situationen und Zustände bewusster zu erleben.

Lassen Sie den Tag Revue passieren. Was genau ist alles passiert?

Konzentrationsübung Nr. 8: Figuren zählen

Schulen Sie Ihr Augenmerk für ungewöhnliche Strukturen. Je mehr Figuren Sie erkennen, desto schneller begreifen Sie Zusammenhänge. Lassen Sie sich nicht zu schnell ablenken!

Wie viele Dreiecke, Quadrate und Kreise können Sie in der Zeichnung erkennen? Versuchen Sie, die Figuren ausschließlich mit Ihren Augen zu erkennen; verwenden Sie nicht Ihren Finger oder einen Stift. Schnittfiguren sind bei dieser Übung zu vernachlässigen.

Welche und wie viele Figuren erkennen Sie mit den Augen?

Anzahl der Dreiecke: 6
Anzahl der Quadrate: 6
Anzahl der Kreise: 6

Stimmt das Ergebnis?

Konzentrationsübung Nr. 9: Digitale Zahlen

Digitale Zahlen werden häufig in der Werbung, bei Taschenrechnern, in Hi-Fi-Anlagen oder bei digitalen Uhren verwendet. Das kennen Sie. Zur Darstellung einer solchen Zahl benötigt man als Grundelement eine sogenannte Siebensegmentanzeige.

Die Siebensegmentanzeige leer, daneben die Zahl 9, dann die Zahl 62.

Für die Zahl 9 müssten dann die Felder (Segmente) wie oben dargestellt ausgefüllt werden. Für die Darstellung zweistelliger Zahlen braucht man zwei nebeneinander liegende Siebensegmentanzeigen. Die Zahl 62 erscheint dann so, wie Sie es oben rechts sehen.
Konzentrieren Sie sich jetzt auf die abgebildete zweistellige Anzeige, und erzeugen Sie in Ihrer Vorstellung alle möglichen zweistelligen Zahlen von 1 bis 99. Überlegen Sie sich, welche Felder für die jeweilige Zahl ausgefüllt werden müssten.

Mit der Siebensegmentanzeige lassen sich auch Buchstaben darstellen. Probieren Sie das Alphabet durch. Welche Buchstaben lassen sich leicht, schwer oder überhaupt nicht darstellen?

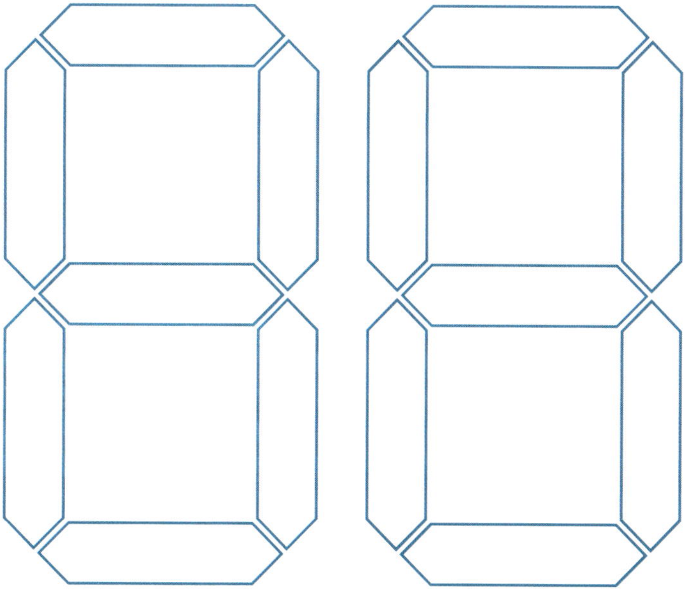

Mit zwei nebeneinander liegenden Siebensegmentanzeigen lassen sich alle Zahlen bis 99 darstellen.

Zur Konzentration gehört notwendig die Entspannung. Gönnen Sie sich nach einer Phase hoher Konzentriertheit eine Entspannungspause. Nur so werden Sie wieder richtig fit und können wieder konzentriert arbeiten.

Konzentrationsübung Nr. 10: Kopfrechnen

Addieren Sie im Kopf alle Zahlen. Lassen Sie sich nicht durch äußere Störungen beim Rechnen ablenken. Versuchen Sie, die Aufgabe mit nur einem Rechenvorgang zu lösen, und notieren Sie das Endergebnis.

1 + 3 + 2 + 10 + 3 + 3 + 3 + 1 +
9 + 8 + 3 + 2 + 1 + 9 + 9 + 6 +
9 + 6 + 9 + 6 + 9 + 4 + 9 + 3 +
7 + 1 + 7 + 3 + 5 + 6 + 6 + 6 +
7 + 3 + 6 + 4 + 5 + 5 + 4 + 6 +
3 + 7 + 2 + 8 + 1 + 9 + 10 = ?

Endergebnis: 249 Sind Sie zum gleichen Ergebnis gelangt?

Entspannung gehört dazu

Spannt man einen Bogen zu stark, bricht er. So lautet sinngemäß eine bekannte Volksweisheit. Sind Menschen zu stark angespannt oder konzentriert, kann das zu gesundheitlichen Schäden führen. Auch diese Tatsache ist wissenschaftlich belegt. Insbesondere der psychomentale Stress ist oftmals Ursache von Herz-Kreislauf-Störungen, die unter ungünstigen Voraussetzungen auch zum Herzinfarkt führen. So weit muss es aber nicht kommen. Gönnen Sie Ihrem Bogen das richtige Maß an Entspannung, damit er nicht bricht. Hierzu habe ich Ihnen ein paar Entspannungsübungen aus der progressiven Entspannungstherapie herausgesucht. Außerdem zeige ich Ihnen verblüffend einfache Entspannungsmöglichkeiten, die viel Spaß machen. Die Übungen sind portionsweise aufgeteilt und damit Ihren Bedürfnissen anpassbar. Fühlen Sie sich an einem Tag besonders angespannt, sollten Sie sich mit mehreren Übungen beschäftigen. Sie können die Übungen bis zu 30 Minuten in einer Einheit anwenden, wenn es Ihr Gemütszustand erfordert.

Entspannungsübung Nr. 1: Muskelentspannung

Je nach örtlicher Gegebenheit können Sie diese Übung entweder aufrecht, sitzend oder liegend durchführen.

Sitzend: Setzen Sie sich auf einen Stuhl. Schmiegen Sie Ihren Rücken bequem an die Rücklehne. Die Füße berühren den Boden. Bitte die Beine nicht übereinander schlagen. Die Hände liegen locker auf Ihren Oberschenkeln.

Liegend: Legen Sie sich auf den Boden und nicht auf eine Matratze oder Couch. Sie werden sonst dazu verleitet, die Entspannungsübung in eine kleine Schlafpause umzuwandeln.

Armbanduhr, Brille, Geldbörse und Schmuck könnten Sie behindern. Legen Sie sie für die Dauer der Übung ab. Schließen Sie nun die Augen, und schalten Sie sämtliche Wahrnehmungen ab. Störende Elemente wie Straßenlärm, Gerüche und Tastempfindungen sind Ihnen jetzt völlig gleichgültig. Erforschen Sie für einen Augenblick Ihren momentanen Gemütszustand. Vielleicht haben Sie sich über jemanden geärgert, vielleicht aber auch gefreut. Möglicherweise steht Ihnen heute noch ein aufregendes Ereignis bevor, auf das Sie sich stressfrei vorbereiten wollen (Prüfung, Vortrag, Konferenz usw.). Sagen Sie zu sich: »Ich sitze/liege bequem. Ich bin völlig ruhig, und ich atme gleichmäßig.« Versuchen Sie eine Minute lang, Ihre Atmung

Entspannen heißt nicht, sich einfach ablenken zu lassen. Richtige Entspannung verlangt nach einer Technik, die Ihre Angespanntheit langsam und nachhaltig abbaut.

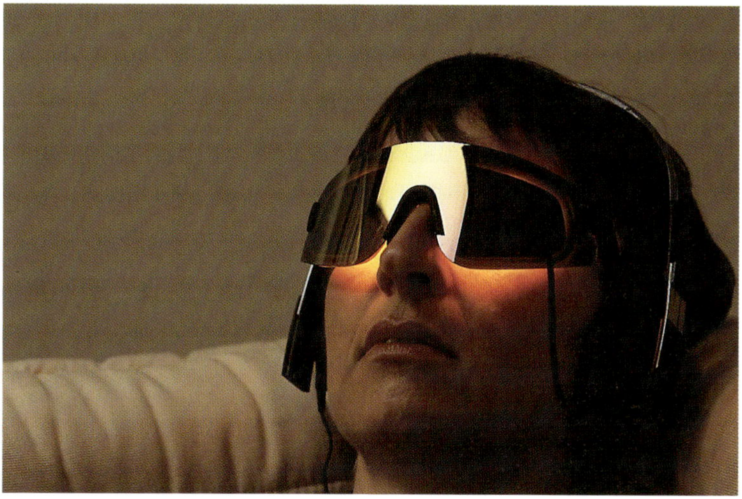

Zur Entspannung sollten Sie bequem sitzen oder liegen.

mit Ihren Sinnesorganen zu erfassen. Hören Sie, wie die Luft rauschend in die Lungenflügel strömt? Sehen Sie, wie der Sauerstoff durch die Verästelungen bis in die kleinsten Bronchialfasern dringt und sich dort Ihr Blut anreichert? Empfinden Sie die vitalisierende Frische, mit der Ihr Blut den Körper durchströmt? Spüren Sie die angenehme Temperatur des Atems, wenn er Ihren Körper verlässt?

Entspannung zulassen

Akzeptieren Sie, dass Sie nicht immer hoch konzentriert und leistungsstark sein können. Gönnen Sie Ihrem Körper und Ihrem Geist zwischendurch eine Pause, in der Sie sich entspannen können.

Beginnen Sie nun, Ihre Fäuste langsam zu ballen. Zuerst so sanft, als hielten Sie eine kostbare Feder in Ihren Händen. Steigern Sie den Vorgang ca. zehn Sekunden lang, bis die Muskeln die äußerste Anspannung erreicht haben. Stellen Sie sich vor, Sie müssten mit Ihren Händen ein Seil festhalten, an dem Sie einen Bergsteiger vor dem Absturz retten. Nach dieser Anspannungszeit lösen Sie schlagartig die geballten Fäuste. Es hat sich dabei als vorteilhaft erwiesen, den Anspannungszyklus mit Hilfe eines Wortes schlagartig zu beenden. In Ihrer Vorstellung können Sie z.B. »Stopp«, »Halt« oder »Jetzt« zu sich selbst sagen. Sofort merken Sie, wie das Blut wieder in die Fingerspitzen fließt. Genießen Sie nun – mindestens 30 Sekunden lang – den Entspannungszustand Ihrer Hände. Verfahren Sie dann genauso mit anderen Muskelpartien, wie z.B.:

- **Schultern:** Beide Schultern gerade nach oben ziehen, als wollten Sie mit den Schulterspitzen Ihre Ohren berühren.
- **Oberarme und Brustmuskulatur:** Beide Handinnenflächen gegeneinander drücken.
- **Nacken:** Kopf senken und gegen das Brustbein drücken oder Kopf so weit wie möglich gen Himmel strecken.
- **Mund- und Wangenpartie:** Lippen zu einem überzogenen Grinsen auseinander ziehen.
- **Nase und Augen:** Nase rümpfen und dabei Augenbrauen weit nach unten ziehen. Augen fest zukneifen.
- **Bauch:** Füße leicht anheben und Bauchdecke hart machen.
- **Waden und Oberschenkel:** Fußinnenseiten aneinander drücken.
- **Gesäßmuskeln:** Gesäßmuskeln anspannen und dabei den Beckenknochen leicht anheben.
- **Füße und Unterschenkel:** Die Zehen der ausgestreckten Beine gerade machen.

Entspannung genießen

Spüren Sie nun den Entspannungszustand, verfolgen Sie, wie sich Ruhe und Ausgeglichenheit in Ihrem Körper ausbreiten, und nehmen Sie den Atem mit Ihren Sinnesorganen wahr. Genießen Sie den Zustand tiefer Entspannung ein paar Minuten lang! Kein noch so großer Ärger oder Stress kann Ihnen nun noch etwas anhaben. Körper und Geist tanken neue Kräfte. Sie merken, wie Ihre Batterien sich aufzuladen beginnen, bereit, um sich den schwierigsten Aufgaben zu stellen. Nichts kann Sie mehr kleinkriegen! Seien Sie in dieser Phase positiv gestimmt, und kosten Sie den Entspannungszustand bestmöglich aus. Beenden Sie nun die Übung, indem Sie z. B. Folgendes sagen: »Ich hole noch einmal tief Luft, öffne meine Augen und bin erholt. Ich fühle mich fit und entspannt.«

Wenn Sie richtig entspannen, können Sie bewusst den Zustand von Leichtigkeit genießen, ohne sich schlaff und matt zu fühlen. Durch richtige Entspannung tanken Sie Energie.

Sich fit und entspannt zu fühlen funktioniert nur, wenn Sie sich auch fit und entspannt fühlen wollen.

Benutzen Sie eine beliebige, nach Möglichkeit aber immer die gleiche Formulierung. Atmen Sie noch einmal kräftig durch, und öffnen Sie jetzt die Augen. Strecken Sie – ähnlich wie nach einem Mittagsschlaf – noch einmal Ihren Körper. Nun kann die nächste Herausforderung kommen. Sie sind bereit!

Probleme und Schwierigkeiten

Die ersten Male können bei Durchführung der Übung einige Schwierigkeiten auftreten, die Sie kennen sollten. Nehmen Sie die Hinweise als Ansporn, eventuelle Klippen zu umschiffen.

- Es kann vorkommen, dass Sie am Beginn der Übung nicht richtig abschalten können. Wahrnehmungen und Gefühle lassen sich einfach nicht nach innen richten. Die Gedanken konzentrieren sich auf äußere Geschehnisse. Werden Sie nicht aufgeregt. Kommen Sie innerlich nicht zur Ruhe, tritt der gegenteilige Effekt auf: Sie werden ungeduldig, und es stellt sich ein kribbeliges Gefühl ein. Öffnen Sie in einer solchen Situation wieder die Augen. Stehen Sie auf, gehen Sie ein paar Schritte durchs Zimmer, und schnappen Sie ein wenig frische Luft. Machen Sie einen zweiten Anlauf. Misslingt auch dieser, brechen Sie die Übung ab. Morgen ist schließlich auch noch ein Tag.

Durch Entspannung gestärkt, fällt das Lernen leichter, und die Motivation wächst.

Entspannung kann man nicht erzwingen – das verspannt Sie nur noch stärker. Lassen Sie Entspannung zu, heißen Sie sie willkommen als Helferin.

- Sind Sie nach Beendigung der Übung müde und schläfrig? Denken Sie daran, dass Sie sich entspannt und fit fühlen wollen! Lassen Sie Körper und Geist nicht baumeln, sondern nutzen Sie die neu gewonnenen Energien für die nächste Aufgabe. Sollten Sie also im Liegen trainieren, überlegen Sie sich bitte ganz genau, wo Sie das machen.
- Zwingen Sie Ihre Muskeln nicht zu Höchstleistungen, sonst empfinden Sie Schmerzen. Mit Muskelschmerzen ist die Entspannungsphase praktisch nicht durchführbar.
- Haben Sie Probleme mit der zeitlichen Durchführung von An- und Entspannungsphase, zählen Sie in Gedanken die Sekunden mit. Sie können sich selbst auch eine Entspannungskassette besprechen. Überlegen Sie sich vorher ein bestimmtes Kommando, mit dem Sie die einzelnen Phasen beenden wollen. Mit einer Stoppuhr können Sie dann die gewünschten Zeiten exakt einstellen. Denken Sie aber bitte daran, dass die Entspannungsphase (ca. 30 Sekunden) etwa dreimal so lang sein muss wie die Anspannungsphase (ca. zehn Sekunden).
- Verkrampfen Sie sich nicht, wenn sich die ersten Male kein Entspannungszustand einstellen mag. Der Zwang, ein bestimmtes Ziel erreichen zu wollen, kann sich sonst in das Gegenteil umkehren.

Das zwanghafte Verlangen nach Entspannung kann zu seelischen Belastungen führen.

Für die Häufigkeit und Dauer dieser Entspannungsübung gibt es kein Patentrezept. Meine persönliche Erfahrung hat gezeigt, dass in den ersten vier Wochen ein tägliches Training von ca. 20 bis 40 Minuten ausreicht. Danach sind Sie sozusagen ein Profi in der Disziplin Entspannungstechnik und können zielgerichtet diese Übung auf Ihre persönlichen Bedürfnisse anwenden.

Entspannungsübung Nr. 2: Brainmassage

»Leichte Schläge auf den Hinterkopf erhöhen das Denkvermögen«, so lautet eine uralte Volksweisheit. Im Gegensatz dazu können Sie durch einfache gymnastische Übungen, Massageeinheiten und anderes Wohbefindlichkeitstraining Ihre Konzentrationsfähigkeit erhöhen. Lesen Sie hier, wie einfach sich die Übungen durchführen lassen.

Fördern Sie die Durchblutung, und lockern Sie angespannte Körperpartien. Angestrengtes, konzentriertes Lesen und schwierig zu lösende Aufgaben führen oft zu Verkrampfungen, vor allem im Kopf- und Nackenbereich.

Punktmassage

Massieren Sie mit den Fingerspitzen beider Hände den Stirnbereich zwischen Haaransatz und Augenbrauen. Diese wohltuende Massage entspannt und baut Denkblockaden ab. Schließlich runzelt man häufig die Stirn bei der Bearbeitung kniffliger Aufgaben.

Kopfgymnastik

Legen Sie Ihr Kinn auf die Brust, und beginnen Sie langsam, Ihren Kopf im größtmöglichen Bogen zu kreisen. Erschrecken Sie nicht, wenn Ihr Hals dabei Geräusche (z. B. ein leichtes Knacken) produziert. Nach ca. 30 Sekunden wechseln Sie die Drehrichtung und kreisen eine halbe Minute in die andere Richtung.

Brainfresh

Eine Übung, die nicht nur für heiße Tage geeignet ist. Massieren Sie mit einem kalten Waschlappen oder einem Erfrischungstuch folgende Punkte Ihres Kopfes:

- Schläfen
- Unteren Ohrläppchenbereich
- Nasenflügel
- Lippenwinkel

Einen besonderen Erfrischungsschub erhalten Sie, wenn Sie den feuchten Lappen in Ihren Nacken drücken. Machen Sie doch einmal den Test, und erfrischen Sie sich nach einer anstrengenden Lerneinheit mit dieser Methode. Sie werden positiv überrascht sein.

Nicht nur Liebe geht durch den Magen, auch Entspannung kann ihren Weg durch dieses wichtige Organ nehmen. Leicht verdauliche Kost belastet Ihren Kreislauf nicht und hält Sie fit.

Bürstenmassage

Massieren Sie mit einem Kamm oder einer Bürste leicht die großflächigen Hautpartien Ihres Kopfes. Dazu gehören Stirn, Wangen, oberer bzw. unterer Kinnbereich, Halsansatz und Nacken. Sie fördern damit die Durchblutung der Kopfhaut und bauen Verspannungen ab. Sie können diese Übung auch mit einem Stift oder einem Tennisball, die Sie über die entsprechenden Kopfpartien rollen, durchführen.

Temperaturbad

Sicherlich haben Sie schon die angenehme Erfahrung eines Saunabesuches genossen. Durch den Temperaturwechsel zwischen Hitze und Abkühlung bringen Sie den Kreislauf in Schwung. Außerdem wird das Immunsystem gestärkt (Aktiverholung). In Finnland, einem klassischen Saunaland (über 60 Prozent der Haushalte besitzen eine eigene Sauna), erkranken die Menschen erheblich weniger an Grippe als in den anderen europäischen Ländern. Gönnen Sie Ihrem Kopf ein Temperaturbad, indem Sie eine Schüssel mit warmem und eine mit kaltem Wasser füllen. Legen Sie in jede Schüssel ein Tuch, und bedecken Sie abwechselnd Ihr Gesicht damit. Spüren Sie für einige Minuten die Aktiventspannung mit Ihrer Minisauna.

Entspannungsübung Nr. 3: Nahrung für Kopf und Körper

Entspannen Sie sich durch Zubereitung eines Menüs! Dass eine ausgewogene Ernährung gut für den Körper ist, ist allgemein bekannt. Ist Ihnen aber auch bekannt, dass bei einer größeren Beanspruchung des Gehirns (= lernen) mehr Sauerstoff, Eiweiß und Vitamine verbraucht werden? Jeder weiß, dass ein voller Bauch nicht gern studiert. Der Magen benötigt für die Verdauung eine höhere Durchblutung und entzieht dem Gehirn dadurch Sauerstoff. Deswegen ist man nach dem Essen meistens etwas müde und abgeschlafft. Legen Sie also, nachdem Sie sich bei der Zubereitung und dem Verzehr des Menüs entspannt haben, danach noch eine kleine Erholungspause ein.

Planen Sie doch für das Wochenende ein Essen mit Ihrem Partner. Vielleicht möchten Sie auch gute Freunde einladen. Denken Sie nicht an die vielleicht eher unangenehmen Seiten wie Einkaufen, Abwaschen, Saubermachen usw., die mit einer Einladung verbunden sind. Probieren Sie etwas Neues aus. Wie wäre es mit einem Gemüsefondue? Oder haben Sie schon einmal ein vegetarisches Dreigängemenü zubereitet? Oder wie wäre es mit der Pizza »Lira«?

Ein gutes Essen hat viele Vorteile

- Versorgen Sie Ihren Körper ausreichend mit Mineralien, Vitaminen und Eiweißen.
- Verzichten Sie einmal auf Alkohol und Tabak. Ihr Konsum kann Ihre Gedächtnisleistung negativ beeinflussen. Außerdem machen Sie eine neue Erfahrung: Sie haben am nächsten Tag keine Kopfschmerzen!
- Planen Sie den Termin in Ihr Lernkonzept mit ein. Freuen Sie sich darauf, wenn Sie vorher Ihr Lernpensum geschafft haben.
- Und schließlich: Entspannen Sie sich dabei!

Entspannungsübung Nr. 4: Werden Sie Künstler

Hand aufs Herz: Vielleicht ist Ihnen beim Betrachten eines Kunstwerkes auch schon einmal der Gedanke gekommen: »Das soll Kunst sein? So etwas bringe ich auch zustande.« Ertappt! Allein der Gedanke, es genauso – vielleicht sogar noch besser – machen zu können, zeigt Ihre Einstellung zu Kunstwerken. Auf jeden Fall verdächtigen Sie den Künstler zu Unrecht der Scharlatanerie. Was kann er dafür, dass ein Galerist, Kunstdirektor oder Mäzen seine Bilder für ausstellungswürdig hält und manche Leute sogar viel Geld dafür bezahlen?

Niemand wird als Künstler geboren – zum Künstler entwickelt man sich.

Die schönste Art, Kunst zu beschreiben, habe ich einmal von einem guten Freund gehört, der gerade ein Bild betrachtete: »Ich fühle, dass es schön ist. Also muss es ja wohl Kunst sein.«

Aktive Entspannung ist, wenn Sie Ihre Neigungen ausleben können. Haben Sie Freude daran, sich zeichnerisch auszudrücken, oder wollen Sie es lernen? Versuchen Sie es, entdecken Sie Ihre künstlerische Ader, und entspannen Sie sich dabei.

Entspannen Sie sich, indem Sie Ihre Gefühle zeichnerisch zu Papier bringen! Sie glauben gar nicht, wie schön die Zeichnungen werden, wenn Sie einige Minuten Ihre Augen schließen, Ihren momentanen Gemütszustand erforschen und die Gefühle zu Papier bringen. Halten Sie sich nicht mit komplizierten Zeichentechniken auf. Es genügen Papier und Buntstifte, und los geht's. Lassen Sie Ihrer Phantasie freien Lauf. Ein anderer mag die so erstellte Zeichnung für naive Malerei halten. Aber Sie nicht. Sie wissen, welche Gefühlslagen (verliebt, ärgerlich, glücklich, traurig, wehmütig, lustig usw.) mit dieser Zeichnung verbunden sind. Da kann kein anderer mitreden.

Eigenhändig zeichnen

Mit ein paar einfachen Tricks bringen Sie zumindest gute Skizzen zu Papier. Das hilft Ihnen wiederum, Ihre Karteikarten für den Lernkartencomputer schöner zu gestalten, und so lernen Sie besser.

Durch das Anfertigen einer Zeichnung beschäftigen Sie vor allem die rechte Gehirnhälfte. Versuchen Sie dennoch, der linken Gehirnhälfte Tribut zu zollen. Wie wäre es, wenn Sie Ihren Gefühlszustand ausschließlich mit farbigen geometrischen Figuren zeichnen?

Natürlich können Sie auch etwas abzeichnen, um sich zu entspannen. Viele beginnen aus Angst vor einem schlechten Resultat erst gar nicht mit dem Zeichnen. Wahr aber ist: Jeder kann zeichnen! Leider schaltet man während des Vorgangs des Zeichnens zu oft die linke Gehirnhälfte dazu. Es konzentriert sich zu sehr auf Details und erschwert dadurch eine maßstabsgetreue Bildwiedergabe. Die Kunst, gut abzuzeichnen, besteht in der ganzheitlichen Erfassung des Objekts. Mit einer richtigen Beobachtungstechnik ist manchmal das halbe Bild schon fertig zu Papier gebracht. Sehen Sie ganzheitlich, mit Ihrer rechten Gehirnhälfte!

Tips für das Zeichnen

Ich verrate Ihnen jetzt einige Tricks, die Ihnen zu besseren Resultaten beim Abzeichnen verhelfen.

- Richten Sie Ihre Aufmerksamkeit auf den Raum, der das Motiv umgibt. Erkennen Sie eine bestimmte geometrische Figur? Zeichnen Sie die gesamte Umrandung, noch keine Details!
- Fügen Sie in die Umrandung erkennbare Zwischen- bzw. Hohlräume ein.
- Schon die Hofmaler alter Königshäuser benutzten eine verblüffend einfache Methode, um leichter ihre Bilder zu malen. Als Orientie-

rungshilfe betrachteten sie ihr Motiv durch einen selbst gebauten Rahmen, in dem sich ein Fadenkreuz befand. Die Skizze lässt sich dann viel einfacher erstellen.

Lassen Sie sich nicht von perfekten Bildern frustrieren. Viel wichtiger ist, dass Sie eigenhändig kreativ geworden sind, auch wenn Ihr Bild oder Ihre Zeichnung nicht preiswürdig ist.

- Sie können diesen Kniff auch anwenden. Schneiden Sie einfach aus einer DIN-A8-Karteikarte ein rechteckiges Fenster heraus, und überkleben Sie es mit zwei Bindfäden zu einem Fadenkreuz. Nun können Sie jedes Motiv mit diesem Rahmen einfangen. Die Linien des Fadenkreuzes dienen Ihnen als Orientierungshilfe. Die geometrischen Dimensionen sind somit für Sie besser zu erfassen. Wie einfach, nicht wahr?
- Ist das Grundmotiv, in unserem Beispiel eine Brücke, erst einmal zu Papier gebracht, beginnt die Ausgestaltung der Zeichnung. Ergänzen Sie nun die letzten Details, und schon ist das Bild fertig.
- Haben Sie als Vorlage eine Fotografie oder Skizze? Stellen Sie sie auf dem Kopf, und zeichnen Sie sie dann ab! Mit diesem Trick überlisten Sie die linke Gehirnhälfte. Die geometrischen Formen lassen sich dadurch besser erkennen, und Sie werden nicht durch das eigentliche Motiv abgelenkt. Überraschenderweise identifiziert man auf diese Weise Details, die vorher unentdeckt blieben.

Mit ein paar Hilfslinien entstehen Zeichnungen, die sich viele Laien nicht zutrauen würden.

Allgemeine Entspannungstechniken

Besinnen Sie sich auf die Dinge, die Sie gern tun, bei denen Sie abschalten, sich entspannen können. Bauen Sie solche Beschäftigungen gezielt ein, um sich vom Lernstress zu erholen. Machen Sie ein Entspannungshobby daraus.

Der Mensch entspannt sich, wenn er sich wohl fühlt. Beschäftigen Sie sich mit Dingen, die Ihnen Spaß machen. Sie erhöhen dadurch Ihr Aufnahmevermögen, bauen Stress ab und stärken das Immunsystem.

Sport

Treiben Sie in einem für Sie erträglichen Maß – am besten lassen Sie sich von einem Fachmann beraten – Sport (Jogging, Wandern, Radfahren usw.). Warum treten Sie nicht einem Sportverein bei? Es gibt keine bessere Möglichkeit, neue Bekanntschaften zu knüpfen!

Tanzen

Wann waren Sie das letzte Mal mit Ihrem Partner auf der Tanzfläche? Dieses Gefühl, im Takt der Musik die Bewegungen des Partners miterleben. Einfach toll!

Musik

Wissenschaftliche Untersuchungen haben gezeigt, dass langsame Barockstücke Lernblockaden lösen. Nutzen Sie diese Erkenntnis, und lernen Sie mit Musik! Verwenden Sie Musikstücke bzw. -richtungen, die Sie mögen. Ihre rechte Gehirnhälfte wird es Ihnen danken. Was hindert Sie eigentlich daran, ein Musikinstrument zu lernen (falls Sie nicht schon eins beherrschen)?

- **Nur wer ein Ziel hat, kann ein Ziel erreichen.**

Sie können es. Sie müssen es nur ernsthaft wollen. Vielleicht finden Sie einen Gleichgesinnten, mit dem Sie das Vorhaben gemeinsam verwirklichen können.

Basteln und spielen

Versetzen Sie sich einmal in Ihre Kindheit zurück. Haben Sie gern Puzzles zusammengefügt? Ist bestimmt schon lange her, oder etwa nicht? Besorgen Sie sich mal wieder ein 1000teiliges Exemplar, und los geht's. Bekannt ist, dass Menschen, die ein Hobby ernsthaft betreiben, ausgeglichener sind und sich besser konzentrieren können.

Lesen

Durch die dramatischen Veränderungen des Medienzeitalters – denken Sie nur einmal daran, wie viel Fernsehprogramme es mittlerweile gibt – nimmt die Zahl derjenigen, die ein Buch lesen, kontinuierlich ab. Das gilt insbesondere für junge Menschen. Wann haben Sie das letzte Mal einen Roman oder Krimi gelesen?
Machen Sie doch einmal den Test, und verzichten Sie zwei Wochen lang auf jeglichen Fernsehkonsum! Ziehen Sie den Stecker Ihres Apparates raus, legen Sie eine Decke darüber, und verstauen Sie ihn im Keller. Stellen Sie sich vor, Sie befinden sich im Urlaub.

Autogenes Training

Manche Menschen steigern sich in Stresssituationen buchstäblich hinein. Diese Art der »Selbsteinredung« funktioniert auch in die andere Richtung: als Hilfe zur Lockerung und zur Beruhigung.

Sind Sie vor einer Prüfung nervös und aufgeregt, weil Sie Angst haben zu versagen? Rast Ihr Puls bei dem Gedanken, während Ihres Vortrages den roten Faden zu verlieren? Treibt Ihnen die Vorstellung, in einer Konferenz die Namen wichtiger Geschäftspartner zu vergessen, Schweißperlen auf die Stirn? Versuchen Sie doch einmal, mit autogenem Training die Angstzustände in den Griff zu bekommen. Natürlich wissen Sie, dass Sie sich auf die Prüfung bzw. auf den Vortrag gut vorbereitet haben. Die Namen Ihrer Geschäftspartner haben Sie auch schon 100 mal gehört. Trotzdem fühlen Sie sich unwohl. Der Körper sieht sich einer Stresssituation ausgesetzt und steigert dabei den Ausstoss von Stresshormonen. Der Puls steigt, das Herz klopft, und man ist schweißgebadet. Das von H. J. Schultz entwickelte autogene Training ist eine autosuggestive Methode, den Körper zu entspannen und dadurch mehr Gesundheit zu gewinnen. Sie können damit Ihre Aufregung auf ein gesundes Maß reduzieren.
Autosuggestiv bedeutet sinngemäß: die bewusste Beeinflussung von Empfindungen durch Selbsteinredungen. Unterbewusste Selbsteinredungen, die zu einer Negativeinstellung beim Lernen führen, haben wir schon im Kapitel »Persönliche Lernerfahrungen« (siehe Seite 38) angesprochen. Mit bewussten Selbsteinredungen lassen sich nicht nur Lebenseinstellungen positiv beeinflussen, sondern auch Gesundheitszustände. Deswegen wird das autogene Training z. B. bei der Behandlung von Migränepatienten eingesetzt.

Die Befindlichkeitszustände

Die erste Stufe des autogenen Trainings ist die Bewusstwerdung. Man erkennt Körperteile in ihrer Eigenschaft als Organe mit Gewicht und somit ihre Wichtigkeit.

Das autogene Training erlernt man über Autosuggestion, also über die Selbsteinredung verschiedener Befindlichkeitszustände, die in aufsteigender Intensität trainiert werden. Erstes Ziel beim autogenen Training ist es, Schwere zu erreichen, d.h., das Eigengewicht bestimmter Körperteile zu spüren. In der anschließenden Phase trainiert man das gezielte Erwärmen dieser Körperpartien. Über einen Zustand, der der Organberuhigung dient, gelangt man schließlich in den Zustand tiefer Entspannung. Hier erfährt man starkes Wohlbefinden, das über eine eigene Redewendung – im autogenen Training spricht man von Formel – auch den körperlichen Zustand beeinflussen kann. Die Befindlichkeitszustände in aufsteigender Intensität sind also:

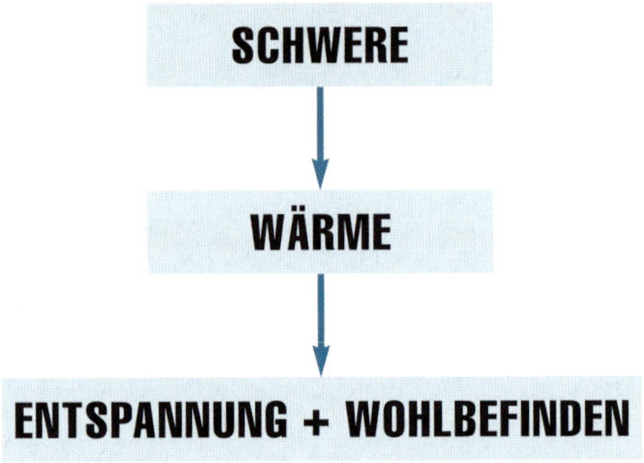

»Wie sieht denn so ein Training konkret aus?«, werden Sie sich jetzt fragen. Ausgangspunkt des autogenen Trainings ist die körperliche Lage, wie Sie schon in der Entspannungsübung Nr. 1 (Muskelentspannung) beschrieben wurde. Gehen Sie am Anfang genauso wie dort beschrieben vor. Achten Sie auf eine längere Ausatmung. Im autogenen Training spricht man bei der verlängerten Ausatmung von Generalisierung. Manche Experten empfehlen sogar eine kurze Pause nach dem Ausatmen. Probieren Sie aus, was Ihnen am angenehmsten ist. Spüren Sie Ihre Atmung mit Ihren Sinnesorganen. Atmen Sie wie folgt:

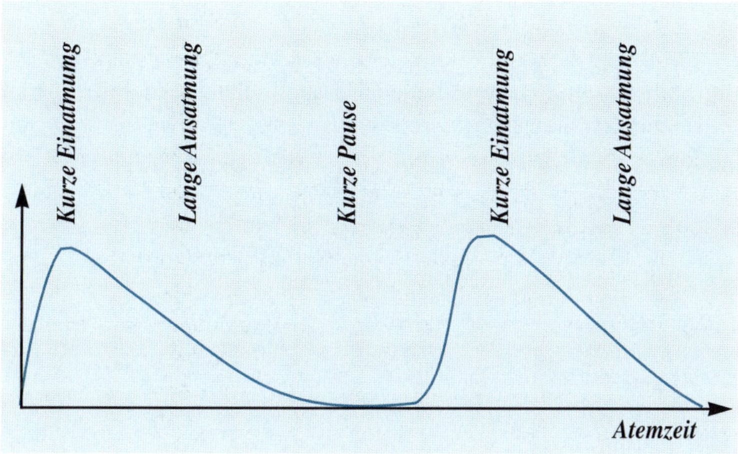

Die richtige Atemkurve zu den Entspannungsübungen.

Atmen Sie ruhig und gleichmäßig? Gut! Für die Durchführung der nächsten Trainingsabschnitte empfehle ich Ihnen die nachfolgende Vorgehensweise:

Durch ruhiges, gleichmäßiges und bewusstes Atmen erhöhen Sie die Selbstwahrnehmung. Sie konzentrieren sich auf verschiedene Teile Ihres Körpers und rücken sie kurzfristig in die Mitte Ihres ganzen Interesses.

- Sprechen Sie die Formeln der einzelnen Befindlichkeitsabschnitte in Gedanken vor sich hin (Selbsteinredung), oder nehmen Sie die Formulierungen auf einen Kassettenrekorder auf, den Sie dann während der Übung abspielen.
- Nehmen Sie sich nicht zu viel vor! Steigern Sie die Trainingsabschnitte langsam.
- Achten Sie auf die Reihenfolge der Befindlichkeitszustände.
- Wichtig ist das Zurücknehmen des Zustandes nach jeder Übung, es sei denn, Sie wollen das autogene Training als Einschlafhilfe nutzen.

Befindlichkeitsübung 1: Schwere

Die Schwere im autogenen Training lässt sich mit einigen Beispielen aus Ihrem täglichen Leben vergleichen. Denken Sie an die typische Bettschwere, wenn Sie sehr müde sind. Als Sportler sind Ihnen die schweren Beine nach einer anstrengenden Trainingseinheit kein unbekannter Begriff.
In dieser Übung kommt es darauf an, dass Sie sich mit Hilfe Ihrer Konzentration die Schwere bestimmter Körperteile selbst einreden.

Trainingsdauer: 10 bis 12 Minuten.

Autosuggestion Schwere

Schließen Sie die Augen, und sagen Sie zu sich:
»Ich bin vollkommen ruhig und gelassen. Ich atme gleichmäßig.
Ich denke an meinen rechten Arm – ich spüre ihn. Ich spüre, wie er schwerer und schwerer wird. Ich spüre sein Eigengewicht.
Ich denke an meine rechte Hand – ich spüre sie. Sie wird schwerer und schwerer. Ich spüre ihr Eigengewicht.
Ich bin ruhig, gelassen und entspannt.
Ich denke an meinen linken Arm – ich spüre ihn. Ich spüre, wie er schwerer und schwerer wird. Ich spüre sein Eigengewicht.
Ich denke an meine linke Hand – ich spüre sie. Sie wird schwerer und schwerer. Ich spüre ihr Eigengewicht.
Meine Atmung ist ruhig und gleichmäßig.
Ich denke an mein rechtes Bein – ich spüre es. Ich spüre, wie es schwerer und schwerer wird. Ich spüre sein Eigengewicht.
Ich bin ruhig, gelassen und entspannt.
Ich denke an mein linkes Bein – ich spüre es. Ich spüre, wie es schwerer und schwerer wird. Ich spüre sein Eigengewicht.
Es geht mir gut. Ich spüre Eigengewicht von Beinen, Händen und Armen.
Ich denke an meine Leibesmitte. (Im autogenen Training wird die Leibesmitte auch Sonnengeflecht genannt.) Meine Aufmerksamkeit richtet sich auf sie.
Ich bin entspannt, gelassen und ganz locker. Ich fühle mich gut.
Ich nehme die Schwere zurück und spüre meine Muskeln.
Wenn ich gleich die Augen aufschlagen werde, bin ich ruhig, entspannt und heiter.«

Kommt Ihnen Ihre eigene Stimme seltsam vor, wenn Sie sie von der Kassette abhören? Das geht den meisten Menschen so. Falls Sie sich deshalb nicht richtig konzentrieren können, bitten Sie einen Freund oder eine Freundin, die Trainingskassette für Sie zu besprechen.

Zurücknehmen

Öffnen Sie die Augen, strecken Sie sich wie nach einem Kurzschlaf, und dehnen Sie Ihren Körper.
Auch wenn Ihnen die Vorgehensweise der Selbsteinredung am Anfang vielleicht etwas merkwürdig vorkommen mag, es klappt! Sie sind entspannt.

Befindlichkeitsübung 2: Wärme

Beginnen Sie mit dieser Übung erst, wenn Sie die Eigenschwere etwa ein bis zwei Wochen lang trainiert haben. Schon im alten China war bekannt, dass man in einem Körperteil Wärme spürt, wenn man sich darauf konzentriert.

Autosuggestion Wärme

Sagen Sie zu sich:
»Ich bin völlig ruhig. Ich atme gleichmäßig.
Ich spüre meinen rechten Arm. Ich merke, wie Eigenwärme den Arm durchströmt. Eigenwärme strömt in die rechte Hand. Die Hand wird wärmer und wärmer. Sie ist angenehm warm. Ich spüre meine warme Handinnenfläche, meine Fingerspitzen. Ich bin vollkommen ruhig und entspannt. Meine Atmung ist gleichmäßig. Ich spüre meinen linken Arm. Ich merke, wie Eigenwärme den Arm durchströmt. Eigenwärme strömt in die linke Hand. Die Hand wird wärmer und wärmer. Sie ist angenehm warm. Ich spüre meine warme Handinnenfläche, meine Fingerspitzen. Ich bin vollkommen ruhig und entspannt. Meine Atmung ist gleichmäßig. Ich fühle mein rechtes Bein. Eigenwärme durchströmt mein rechtes Bein. Ich spüre, wie die Wärme in meinen rechten Fuß strömt. Mein rechter Fuß wird wärmer und wärmer. Er ist angenehm warm. Jeder Zeh ist angenehm warm.
Ich fühle mich gut. Ich bin ruhig und gelassen.
Ich fühle mein linkes Bein. Eigenwärme durchströmt mein linkes Bein. Ich spüre, wie die Wärme in meinen linken Fuß strömt. Mein linker Fuß wird wärmer und wärmer. Er ist angenehm warm. Jeder Zeh ist angenehm warm.
Ich fühle mich gut. Ich bin ruhig und gelassen.
Ich spüre, wie mein Körper warm durchströmt wird. Ich empfinde eine angenehme Wärme. Ich spüre die Wärme in der Leibesmitte (Sonnengeflecht). Mir ist angenehm warm.
Mir geht es gut, und ich bin vollkommen gelassen. Ich fühle mich wohl. Ich bleibe vollkommen ruhig und entspannt.«

Trainingsdauer: 8 bis 10 Minuten.

Die nächstintensivere Befindlichkeitsstufe ist Wärme. Falls Sie bisher Schwierigkeiten mit dem Einschlafen wegen zu kalter Füße hatten – mit autogenem Training gibt es dieses Problem für Sie nicht mehr.

Mit der dritten Befindlichkeitsübung wenden Sie das weitreichendste Instrument des autogenen Trainings an. Sie »programmieren« sich auf eine bestimmte Befindlichkeit in einer Situation, die sonst schwer für Sie zu meistern war.

Trainingsdauer: ca. 5 bis 8 Minuten.

Zurücknehmen

Öffnen Sie die Augen, strecken Sie sich wie nach einem Kurzschlaf, und dehnen Sie Ihren Körper, wie Sie es nach der Schwereübung gemacht haben. Sie fühlen sich jetzt angenehm warm und ausgeglichen, Sie sind topfit, ohne aufgedreht zu sein.

Befindlichkeitsübung 3: Entspannung und Wohlbefinden

Mit der letzten Befindlichkeitsübung beeinflussen Sie die Vorsätze, die Sie sich zuvor überlegt haben. Nehmen wir an, Sie möchten vor einer schriftlichen Prüfung nicht mehr so aufgeregt sein. Eigenschwere und Eigenwärme zu erzeugen fällt Ihnen nicht mehr schwer. Nun verhelfen Sie sich mit Autosuggestion zu einer positiven Einstellung, die Ihnen hilft, mit der Situation besser fertig zu werden.

Autosuggestion Wohlbefinden

Sagen Sie zu sich:
»Ich bin vollkommen ruhig und entspannt. Meine Atmung ist ausgeglichen.
Ich spüre Eigengewicht in Armen und Händen. Ich spüre Eigengewicht der Beine. Meine Füße und Hände sind angenehm warm. In der Leibesmitte spüre ich eine angenehme Wärme.
Meine Vorsätze gebe ich in die Leibesmitte weiter.
Ich bin ruhig, entspannt und ausgeglichen.
Vor der Prüfung bin ich ruhig und munter, die Angst kriegt mich nicht unter.
Mir geht es gut. Ich fühle mich wohl und gelassen. Ich werde jetzt noch dreimal tief ein- und ausatmen. Wenn ich die Augen öffne, bleibe ich vollkommen ruhig und entspannt.«

Zurücknehmen

Öffnen Sie die Augen, strecken Sie sich wie nach einem Kurzschlaf, und dehnen Sie Ihren Körper, wie Sie es bisher gemacht haben.
Sie haben es sicher bemerkt. Der eingefügte Vorsatz kann auch als Reim formuliert werden. Benutzen Sie bei den Übungen ruhig eigene Formulierungen. Entscheidend ist die stetige Anwendung.

Übungsprotokoll

Natürlich bedarf es für eine erfolgreiche Anwendung des autogenen Trainings regelmäßiger Übung. Trainieren Sie also möglichst täglich! Stellt sich nach einigen Wochen kein spürbarer Erfolg ein, sollten Sie das autogene Training in einer größeren Runde unter fachlicher Anleitung durchführen. Werfen Sie doch bei Gelegenheit einen Blick in das Programm Ihrer Volkshochschule. Dort werden sicher Trainingskurse angeboten.
Als Erfolgskontrolle empfiehlt sich auch ein Tagebuch, in dem Sie Ihre Übungsergebnisse protokollieren. Sie können dadurch Ihre Trainingserlebnisse besser analysieren und eventuelle Fehlerquellen ausfindig machen. Zumindest in der Anfangsphase ist das Protokoll ein wichtiges und bewährtes Hilfsmittel.
Nachfolgend ein Vorschlag, wie eine Protokollseite aufgebaut sein könnte.

Kontrollieren Sie regelmäßig, wie Sie mit Ihrem autogenen Trainingsprogramm zurechtkommen. Dazu reichen schon ein paar kleine Notizen, die Sie nach jeder Übung notieren.

Tag und Zeit der Übung				Gedanken und mögliche Ursachen
Tag	Morgens	Mittags	Abends	
1.3.			*	Meine erste Übung, war ein komisches Gefühl
2.3.			**	Habe doch tatsächlich Schwere gespürt
3.3.			—	Konnte nicht richtig abschalten, habe zu lange gearbeitet
4.3.	—		***	Morgens zu wenig Zeit gehabt, abends sofort eingeschlafen
5.3.				Heute keine Lust gehabt
6.3.		**		Funktioniert sogar in der Mittagspause, habe mich danach sehr wohl gefühlt

— : Keinen Erfolg gehabt
* : Spürte nur leichten Erfolg
** : Guten Erfolg erzielt
*** : Hat hervorragend geklappt

FIT FOR PRÜFUNG

Sie wollen sich systematisch und zielstrebig auf eine Prüfung vorbereiten? Natürlich, denn Sie möchten Erfolg haben. Mit dem nachfolgenden Crashkurs sind Sie dazu in der Lage. Voraussetzung ist eine konsequente Anwendung aller lernpsychologischen und lernbiologischen Aspekte. Der Kurs ist tageweise aufgebaut und für eine Dauer von zwei Wochen konzipiert.

Der 2-Wochen-Crashkurs

Die verschiedenen Prüfungsarten

Die meisten Menschen glauben, dass nach der Schulabschlussprüfung höchstens noch die Führerscheinprüfung zu meistern ist. Doch nicht nur Studenten und angehenden Handwerksmeistern stehen noch Prüfungssituationen mit all ihrem Lernstress und den Versagensängsten bevor. Stellen Sie sich vor, Sie werden als geeignet erachtet, an einer innerbetrieblichen Weiterbildung teilzunehmen, oder man möchte Ihnen die Lehrlingsausbildung anvertrauen, wofür Sie eine Ausbilderprüfung machen müssen. Vielleicht entdecken Sie auch Ihre Liebe zum Segeln oder zur Fischerei. Und schon sind Sie wieder in der Situation, lernen zu müssen – und zu wollen! Gut organisiert und strukturiert, wird ein Lernkurs zum vollen Erfolg. Prüfungen aller Art lassen sich wie folgt in die beiden Kategorien einteilen.

Eine ganz gewöhnliche Situation ist das für keinen Menschen: Unter Zeitdruck Aufgaben lösen, Wissen abrufen, die richtige Antwort auf Fragen parat haben, zeigen müssen, was man gelernt hat. Deshalb empfiehlt sich eine gründliche Vorbereitung sowohl des Prüfungsstoffs als auch der Prüfungssituation.

PRÜFUNGEN		
MÜNDLICH	SCHRIFTLICH	
Reden, Vorträge, mündliche Prüfungen	**Schriftliche Schul- und Universitätsprüfungen**	**Allgemeine Zusatzqualifikationen**
Beispiele Festreden Produktpräsentationen Castings Politische Reden Schauspielrollen Theaterrollen Kolloquien Seminare Verteidigungen Mündliche Schul- und Uniprüfungen	Beispiele Klausuren Vokabelarbeiten Diktate Summaries Aufsätze Klassenarbeiten Examensarbeiten Zwischenprüfungen Theoretische Gesellenprüfungen Tests aller Art	Beispiele Führerschein Fischereiprüfung Segelschein Jagdschein Trainerlizenz Meisterprüfung Funklizenz Flugschein Betrieblicher Ausbilderkurs Erste-Hilfe-Kurs

Anhand einer Checkliste können Sie für jeden Tag Ihren persönlichen Erfolg überprüfen. Selbstverständlich ist die Liste erweiterbar, sollten Ihnen wichtige Punkte fehlen.

Schwören Sie sich und Ihr Umfeld auf die bevorstehende Prüfung ein. Sie brauchen Freiräume und Schonbehandlung, um sich optimal auf das Ereignis Prüfung vorbereiten zu können. Erklären Sie die Prüfung zum bis auf weiteres wichtigsten Ereignis, und bündeln Sie Ihre Energie dafür.

Lernzeiten planen und einhalten

Erstellen Sie für beide Wochen einen Übersichtsplan, den Sie gut sichtbar am Lernort befestigen. Planen Sie Ihre täglichen Lernzeiten. Warum stehen Sie nicht beispielsweise jeden Morgen eine Stunde früher auf? Kochen Sie sich eine Tasse Kaffee oder Tee, und arbeiten Sie im Schlafanzug an Ihrer Prüfungsvorbereitung. Das wird Ihnen anfangs vielleicht schwer fallen. Aber es gibt nichts Schöneres, als den Arbeitstag mit dem Gefühl zu beginnen, bereits etwas für die Prüfung getan zu haben. Die tägliche Lernzeit können Sie individuell an Ihre persönlichen Umstände anpassen. Ein Student beispielsweise muss sich – und kann es meist auch – für ein Examen mehr Zeit nehmen als ein arbeitender Familienvater für eine Fischereiprüfung. Halten Sie sich möglichst strikt an Ihren Arbeitsplan!

Machen Sie sich Ihr Ziel klar

Zu beiden Prüfungsarten, mündlichen und schriftlichen, finden Sie für jeden Vorbereitungstag spezielle Checkpunkte. Informieren Sie Ihr Umfeld (Familie, Freunde, Verein usw.) von der bevorstehenden Vorbereitungsphase. Machen Sie sich klar, weshalb Sie diese Prüfung schaffen wollen. Achten Sie im Vorfeld auf vollständige Unterlagen. Die beste Prüfungsvorbereitung nützt Ihnen wenig, wenn Sie wochenlang auf fehlende Informationen warten müssen.

Einige grundlegende Fragen über Ihr Lernverhalten

- Welcher Lerntyp sind Sie?
- Neigen Sie zu einer Katze-um-den-heißen-Brei-Strategie, bei der Sie alle Störungen zum willkommenen Anlass nehmen, die Lerneinheit zu verschieben?
- Sind Sie stark genug, die natürliche Aufgeregtheit am Prüfungstag ohne Angstbewältigungstraining zu beherrschen?

Und dann kann es losgehen.

1. Tag – Vorbereitungstag

Nach dem Prüfungstag ist das der wichtigste Tag. In diesem Fall bedeutet Ordnung nicht das halbe Leben, sondern die halbe Prüfung. Nehmen Sie sich ausreichend Zeit für diesen Tag. Es lohnt sich!

Checkliste

Allgemein	**Ja**	**Nein**
• Ist mir klar, welche Art von Prüfung mich am Prüfungstag erwartet (Zielorientierung)?	☐	☐
• Habe ich sämtliche Unterlagen sortiert und geordnet?	☐	☐
• Weiß ich, welchen Lernstoff ich neu lernen muss und welchen ich bloß zu wiederholen brauche?	☐	☐
• Lassen sich alle neu zu lernenden Informationen auf zehn Tage aufteilen (z. B. nach Themengebieten)?	☐	☐
• Ist mir die zeitliche Aufteilung des Stoffs über diese zehn Tage klar?	☐	☐
• Ist der Zeitplan für beide Wochen erstellt?	☐	☐
• Habe ich alle notwendigen Materialien besorgt? (Schreibgerät und -zubehör, Karteikarten usw.).	☐	☐
• Habe ich genügend Zeitreserve eingeplant?	☐	☐
• Muss ich Entspannungs- und Konzentrationsübungen mit einplanen, weil ich sonst zu aufgeregt bin?	☐	☐
Für schriftliche Prüfungen		
• Sind Ansprechpartner bei Rückfragen erreichbar?	☐	☐
• Habe ich mir eventuell vorhandene Prüfungen aus Vorjahren besorgt?	☐	☐
Für mündliche Prüfungen		
• Muss ich das freie Sprechen üben?	☐	☐
• Habe ich einen Trainingspartner (»Gerhard«), den ich für meine Zwecke nutzen kann?	☐	☐

Am Anfang des Kurses steht Grundsätzliches wie die Vollständigkeit des Materials und die Verteilung des Lernstoffs auf die Kursdauer. Verschätzen Sie sich dabei allzu stark, kann es nach ein paar Tagen Probleme geben.

Nehmen Sie sich am ersten Tag nicht zu viel vor. Am besten ist es, wenn Sie das Durchschnittsprogramm geschafft haben und mit dem Gefühl, viel geleistet zu haben, aber nicht ausgepowert zu sein, die Unterlagen beiseite legen.

Gehen Sie bei der Aufteilung des Lernstoffs systematisch vor. Teilen Sie eine Lerneinheit in Wiederholungsphasen und Abschnitte, in denen Sie neuen Stoff lernen, ein. Ganz wichtig ist, dass Sie am Ende jedes Tages ein Resümee ziehen. Verteilen Sie danach Belohnungen und Bestrafungen, auch wenn es Ihnen anfangs etwas komisch vorkommt. Sie können einen Konzertbesuch am Abend um ein Vielfaches mehr genießen, wenn Sie Ihr Tagespensum erfüllt haben. Einfach herrlich! Schreiben Sie Ihre Tageszusammenfassung auf, und gehen Sie in Gedanken den nächsten Tag durch.

Mein Resümee nach dem 1. Tag:

____

____

____

Wenn ich morgen mein Pensum schaffe, belohne ich mich mit:

____

____

____

Meine Vorsätze und Ziele für den nächsten Tag:

____

____

____

2. Tag – Trainingstag

Morgenstund hat Gold im Mund – wer weiß das nicht. Stehen Sie früher auf als sonst! Los geht es mit der ersten Lerneinheit. Komprimieren Sie den Lernstoff auf eine bestimmte Anzahl von Lernkarten – vielleicht zehn Stück –, die Sie den ganzen Tag über bei sich tragen. Nutzen Sie noch so kleine Pausen, um sich die ein oder andere Karte anzusehen. Ein spezieller Tip an dieser Stelle: Behandeln Sie morgens nur den Stoff, den Sie neu lernen müssen. Am Abend beschäftigen Sie sich dann mit Wiederholungen.

Grundsätzlich gilt: Wenn Sie besonders interessanten Lernstoff verarbeiten oder vielleicht an der einen oder anderen Stelle Schwierigkeiten beim Lernen haben sollten, legen Sie die Karteikarten extra oder markieren Sie sie, beispielsweise mit einem Buntstift. Wenn Sie dann Übungsprüfungen für Ihre Lerngruppe ausarbeiten, greifen Sie vorzugsweise auf diese Karteikarten zurück. So wird vor allem schwieriger Stoff besser gelernt.

Checkliste

Allgemein	Ja	Nein
• Steht für diesen Tag mein Zeitplan?	☐	☐
• Habe ich morgens zehn Karteikarten erstellt und sie mir am Tag mehrere Male angesehen?	☐	☐
• Die Informationen auf den Karteikarten konnte ich anhand von Skizzen und Zeichnungen darstellen.	☐	☐
• Ich konnte mich morgens gut konzentrieren (falls nein, Konzentrationsübung durchführen).	☐	☐
• Abends habe ich nach einer Entspannungsphase meine Karteikarten wiederholt.	☐	☐
• Außerdem habe ich mir für den folgenden Tag den nächsten Lernabschnitt zurechtgelegt und in Gedanken den Tagesablauf überlegt.	☐	☐
Für schriftliche Prüfungen		
• Ich habe eine (oder mehrere) Aufgabe(n) einer alten Prüfung gelöst.	☐	☐
• Hierbei habe ich die Zeit gestoppt.	☐	☐
• Ich habe eine eigene Prüfungsaufgabe erstellt und sie auf einer Karteikarte notiert.	☐	☐
• Für die zweite Vorbereitungswoche habe ich mich mit einem anderen Prüfling verabredet.	☐	☐
Für mündliche Prüfungen		
• Ich habe laut einen Text gelesen.	☐	☐
• In Gedanken erstellte ich Prüfungsfragen und habe sie laut beantwortet.	☐	☐
• Die Antworten habe ich auf einen Kassettenrekorder aufgenommen, um meinen Vortrag zu kontrollieren.	☐	☐
• Ich habe einem Freund/einer Freundin einen Teil des neu gelernten Stoffes erklärt.	☐	☐

Morgens die Checkliste und abends das Resümee, das sind die Eckpunkte im Tagesablauf des Trainingskurses. Ergänzen Sie gegebenenfalls die Liste, wenn ein für Sie wichtiger Punkt in der Liste unberücksichtigt geblieben ist.

Mein Resümee nach dem 2. Tag:

____

____

____

Wenn ich morgen mein Pensum schaffe, belohne ich mich mit:

____

____

____

Meine Vorsätze und Ziele für den nächsten Tag:

____

____

____

3. Tag – Trainingstag

Am dritten Tag sollte alles rund laufen. Das Tagespensum überfordert Sie nicht, und Sie haben sich schon an den Kursablauf gewöhnt und arbeiten konzentriert.

Der Ablauf der nächsten Trainingstage ähnelt dem vorangegangenen. Denken Sie daran, für lerntechnische Abwechslung (der rechten Gehirnhälfte Tribut zollen!) zu sorgen.

Checkliste

Allgemein	**Ja**	**Nein**
• Morgens zehn Lernkarten erstellt?	☐	☐
• Weiß ich die Lernkarten des Vortages noch? (wenn nein, im Tagesverlauf ansehen).	☐	☐
• Alle Karten während des Tages mehrmals angesehen?	☐	☐
• Konzentrationsübung durchgeführt?	☐	☐
• Entspannungsphasen durchlebt?	☐	☐
Für schriftliche Prüfungen		
• Alte Aufgaben gelöst?	☐	☐
• Eigene Aufgabe entwickelt und gelöst?	☐	☐
Für mündliche Prüfungen		
• Mit »Gerhard« das Vortragen trainiert?	☐	☐
• Einem Bekannten einen Sachverhalt erklärt?	☐	☐

Mein Resümee nach dem 3. Tag:

Wenn ich morgen mein Pensum schaffe, belohne ich mich mit:

Meine Vorsätze und Ziele für den nächsten Tag:

4. Tag – Trainingstag

Steht Ihr Terminplan noch? Bestimmt, denn Sie haben ja für jeden Tag vorsichtshalber genug Zeitreserven eingeplant. Mittlerweile ist es für Sie auch überhaupt keine Schwierigkeit mehr, morgens früher aufzustehen und neuen Stoff zu lernen.

Benutzen Sie auf der Fahrt zur Arbeit den Bus? Dann sichern Sie sich wenn möglich einen Sitzplatz, und beginnen Sie, Lernkarten zu wiederholen. So können Sie die Fahrtzeit sinnvoll nutzen.

Checkliste

Allgemein	**Ja**	**Nein**
• Morgens zehn Lernkarten erstellt?	☐	☐
• Weiß ich die Lernkarten des Vortages noch? (wenn nein, im Tagesverlauf ansehen).	☐	☐
• Alle Karten während des Tages mehrmals angesehen?	☐	☐
• Konzentrationsübung durchgeführt?	☐	☐
• Entspannungsphasen durchlebt?	☐	☐
Für schriftliche Prüfungen		
• Alte Aufgaben gelöst?	☐	☐
• Eigene Aufgabe entwickelt und gelöst?	☐	☐
Für mündliche Prüfungen		
• Vortragen trainiert?	☐	☐

Mein Resümee nach dem 4. Tag:

Wenn ich morgen mein Pensum schaffe, belohne ich mich mit:

Meine Vorsätze und Ziele für den nächsten Tag:

5. Tag – Trainingstag

Lassen Sie andere an Ihrem neuen Wissen teilhaben. Vielleicht finden es Ihre Kolleginnen und Kollegen ganz interessant, was Sie Neues gelernt haben.

Fehlt Ihnen der Schwung zum Lernen? Nehmen Sie sich einen Stapel Karteikarten, und gehen Sie eine Zeit lang draußen spazieren. Sie können lernen und zwischendurch die Natur genießen! Oder Sie legen eine Konzentrationsübung zusätzlich ein und erklären diesen Lerntag zu einer wichtigen Phase zur Erreichung Ihres Ziels.

Checkliste

Allgemein	Ja	Nein
• Morgens zehn Lernkarten erstellt?	☐	☐
• Weiß ich die Lernkarten des Vortages noch? (wenn nein, im Tagesverlauf ansehen).	☐	☐
• Alle Karten während des Tages mehrmals angesehen?	☐	☐
• Konzentrationsübung durchgeführt?	☐	☐
• Entspannungsphasen durchlebt?	☐	☐
Für schriftliche Prüfungen		
• Alte Aufgaben gelöst?	☐	☐
• Eigene Aufgabe entwickelt und gelöst?	☐	☐
Für mündliche Prüfungen		
• Vortragen trainiert?	☐	☐

Mein Resümee nach dem 5. Tag:

Wenn ich morgen mein Pensum schaffe, belohne ich mich mit:

Meine Vorsätze und Ziele für den nächsten Tag:

6. Tag – Trainingstag

Mit dem heutigen Tag haben Sie bereits 50 Karteikarten produziert. Ganz hervorragend! Wenn Sie nicht mit dem Lernkartencomputer (siehe Seite 58 ff.) arbeiten, können Sie gelernte Karten ruhig einmal ein oder zwei Tage unkontrolliert liegen lassen; Sie werden sehen – gelernt ist gelernt, Sie haben nichts vergessen.

Vergessen Sie nicht, sich zu belohnen, wenn Sie Ihr Tagespensum geschafft haben. Sie haben sich diese kleine Belohnung dann auch redlich verdient.

Checkliste

Allgemein	**Ja**	**Nein**
• Morgens zehn Lernkarten erstellt?	☐	☐
• Weiß ich die Lernkarten des Vortages noch? (wenn nein, im Tagesverlauf ansehen).	☐	☐
• Alle Karten während des Tages mehrmals angesehen?	☐	☐
• Konzentrationsübung durchgeführt?	☐	☐
• Entspannungsphasen durchlebt?	☐	☐
Für schriftliche Prüfungen		
• Alte Aufgaben gelöst?	☐	☐
• Eigene Aufgabe entwickelt und gelöst?	☐	☐
Für mündliche Prüfungen		
• Vortragen trainiert?	☐	☐

Mein Resümee nach dem 6. Tag:

Wenn ich morgen mein Pensum schaffe, belohne ich mich mit:

Meine Vorsätze und Ziele für den nächsten Tag:

7. Tag – Ruhetag (eventuell Aufholtag)

Vielleicht haben Sie bis zum siebten Tag einen Lernrückstand vor sich hergeschoben. Wenn er sich nicht täglich stark vergrößert hat, ist das kein Problem. Sie haben jetzt die Gelegenheit, den Rückstand aufzuholen und wieder »im Plan« zu liegen.

Haben Sie bis hierher Ihr Pensum geschafft? Gut! Gönnen Sie sich einen Tag Erholung. Sind Sie im Zeitverzug, müssen Sie in den sauren Apfel beißen und heute nacharbeiten.
Versuchen Sie einmal, die bis jetzt gelernten Karteikarten zu vergessen. Es wird Ihnen nicht gelingen.

Mein Resümee nach dem 7. Tag:

Wenn ich morgen mein Pensum schaffe, belohne ich mich mit:

Meine Vorsätze und Ziele für den nächsten Tag:

8. Tag – Mannschaftstraining

Sie haben doch am Beginn des Kurses mit einem anderen Prüfungsteilnehmer für diese Woche Termine vereinbart, oder? Angenommen, Sie treffen sich heute Abend, um sich auf die Prüfung vorzubereiten. Sie beschließen, zwei Stunden zu lernen und danach – als Belohnung – in eine Kneipe zu gehen. Trinken Sie aber nicht zu viel Alkohol. Sie

müssen morgen früher als sonst aufstehen! Selbstverständlich haben Sie auch heute zehn Karteikarten erstellt und den Tag über mehrmals gelernt. Ebenso haben Sie die bisher erstellten Karteikarten durchgesehen und die noch nicht gelernten intensiver wiederholt.
Erstellen Sie für Ihren Lernpartner eine eigene Prüfung, die er dann bei Ihnen ablegt. Da Sie bereits einige Lernkarten haben, dauert das nicht lange. Sie sind der Prüfer! Selbstverständlich müssen Sie die Prüfung auswerten und benoten. Sorgen Sie für Prüfungsatmosphäre. Geben Sie z.B. die Zeit vor. Gehen Sie auch nicht auf Nachfragen Ihres Lernkollegen ein. Sie sind der Professor, und er ist der Student. Sie werden viel Spaß dabei haben. Und ganz nebenbei lernen Sie noch etwas dazu. Anschließend wechseln Sie die Prüfer-Prüflings-Konstellation. Dann sind Sie der Prüfungskandidat und bekommen eine Note.

Langsam sollten Sie daran denken, das Vortragen zu üben, wenn Sie eine mündliche Prüfung abzulegen haben. Reden Sie mit »Gerhard«, später sollten Sie einen Lernpartner als Gegenüber haben, dem Sie Ihr Wissen vortragen können.

Checkliste

Allgemein	**Ja**	**Nein**
• Morgens zehn Lernkarten erstellt?	☐	☐
• Weiß ich die Lernkarten des Vortages noch? (wenn nein, im Tagesverlauf ansehen).	☐	☐
• Alle Karten während des Tages mehrmals angesehen?	☐	☐
• Konzentrationsübung durchgeführt?	☐	☐
• Entspannungsphasen durchlebt?	☐	☐
Für schriftliche Prüfungen		
• Eigene schriftliche Prüfung erstellt und vom Lernpartner bearbeitet?	☐	☐
• Benotung durchgeführt?	☐	☐
Für mündliche Prüfungen		
• Eigene mündliche Prüfung erstellt und vom Lernpartner ablegen lassen?	☐	☐
• Benotet?	☐	☐

Mein Resümee nach dem 8. Tag:

Wenn ich morgen mein Pensum schaffe, belohne ich mich mit:

Meine Vorsätze und Ziele für den nächsten Tag:

9. Tag – Trainingstag

Das Lernen läuft jetzt wie geschmiert. Sie haben den für Sie optimalen Rhythmus gefunden, wann Sie Lernkarten wiederholen, eine Lernpause einlegen, Entspannungsübungen machen und neuen Stoff lernen.

Mittlerweile sind einige der Lernkarten schon fest in Ihrem Gehirn gespeichert. Sie brauchen nur einen flüchtigen Blick darauf zu werfen, und schon erinnern Sie sich an den Sachverhalt. Ein tolles Gefühl.

Checkliste

Allgemein	Ja	Nein
• Morgens zehn Lernkarten erstellt?	☐	☐
• Weiß ich die Lernkarten des Vortages noch? (wenn nein, im Tagesverlauf ansehen).	☐	☐
• Alle Karten während des Tages mehrmals angesehen?	☐	☐
• Konzentrationsübung durchgeführt?	☐	☐
• Entspannungsphasen durchlebt?	☐	☐
Für schriftliche Prüfungen		
• Alte Aufgaben gelöst?	☐	☐
• Eigene Aufgabe entwickelt und gelöst?	☐	☐
Für mündliche Prüfungen		
• Eigene mündliche Prüfungsfragen überlegt?	☐	☐
• Vortrag trainiert?	☐	☐

Mein Resümee nach dem 9. Tag:

____

____

____

Wenn ich morgen mein Pensum schaffe, belohne ich mich mit:

____

____

____

Meine Vorsätze und Ziele für den nächsten Tag:

____

____

____

10. Tag – Mannschaftstraining

Legen Sie vor der Prüfung unbedingt noch eine Lerneinheit mit einem Lernpartner oder einer Lerngruppe ein. Simulieren Sie die Prüfungssituation! Falls Sie genug Zeit dafür haben, bereiten Sie für den Lernpartner oder die Gruppe wieder eine kleine Übungsarbeit vor, die Sie dann gemeinsam kontrollieren und benoten. Fehlt die Zeit dazu, stellen Sie sich gegenseitig ein paar Prüfungsfragen.

Lassen Sie sich zwischendurch immer wieder von Ihrem Lernpartner abfragen. Versuchen Sie, auf die Fragen flüssig und direkt zu antworten und nicht aufgeregt zu sein.

Checkliste

Allgemein	**Ja**	**Nein**
• Morgens zehn Lernkarten erstellt?	☐	☐
• Weiß ich die Lernkarten des Vortages noch? (wenn nein, im Tagesverlauf ansehen).	☐	☐
• Alle Karten während des Tages mehrmals angesehen?	☐	☐
• Konzentrationsübung durchgeführt?	☐	☐
• Entspannungsphasen durchlebt?	☐	☐
Für schriftliche Prüfungen		
• Schriftliche Prüfung simuliert?	☐	☐
Für mündliche Prüfungen		
• Mündliche Prüfung simuliert?	☐	☐

Mein Resümee nach dem 10. Tag:

Wenn ich morgen mein Pensum schaffe, belohne ich mich mit:

Meine Vorsätze und Ziele für den nächsten Tag:

11. Tag – Trainingstag

Den größten Teil des Crashkurses haben Sie inzwischen geschafft. Sie werden immer sicherer, die Prüfung gut zu bestehen. Sie haben einen Überblick über den Stoff, beherrschen fast alles und haben keinen Grund, Angst vor der Prüfung zu haben.

Wenden Sie bei Ihren Entspannungsübungen eine auf die Prüfung zugeschnittene Formel an. Überlegen Sie sich positive Vorsätze, vielleicht in Reimform: »Nachts schlaf ich tief und feste, morgens lernen ist für mich das Beste. Kommt eine Prüfung hart und schwer, ich freu mich darauf immer mehr.«

Checkliste

Allgemein	Ja	Nein
• Morgens zehn Lernkarten erstellt?	☐	☐
• Weiß ich die Lernkarten des Vortages noch? (wenn nein, im Tagesverlauf ansehen).	☐	☐
• Alle Karten während des Tages mehrmals angesehen?	☐	☐
• Entspannungsphasen durchlebt?	☐	☐
Für schriftliche Prüfungen		
• Alte Aufgaben gelöst?	☐	☐
• Eigene Aufgabe entwickelt und gelöst?	☐	☐
Für mündliche Prüfungen		
• Eigene mündliche Prüfungsfragen überlegt?	☐	☐
• Vortrag trainiert?	☐	☐

Mein Resümee nach dem 11. Tag:

Wenn ich morgen mein Pensum schaffe, belohne ich mich mit:

Meine Vorsätze und Ziele für den nächsten Tag:

12. Tag – Trainingstag

Heute ist der letzte Tag, an dem Sie neuen Lernstoff für die Prüfung bearbeiten. Mit dem heutigen Tag haben Sie mittlerweile 100 Karteikarten produziert! Mindestens die Hälfte davon haben Sie auch gelernt.

Die Zeiten für die Wiederholung des Stoffs sind im Verlauf des Kurses immer länger geworden. Jetzt haben Sie kaum noch neue Informationen zu lernen und können sich mehr der Präsentation des Stoffs widmen.

Checkliste

Allgemein	**Ja**	**Nein**
• Morgens zehn Lernkarten erstellt?	☐	☐
• Weiß ich die Lernkarten des Vortages noch? (wenn nein, im Tagesverlauf ansehen).	☐	☐
• Alle Karten während des Tages mehrmals angesehen?	☐	☐
• Konzentrationsübung durchgeführt?	☐	☐
• Entspannungsphasen durchlebt?	☐	☐
Für schriftliche Prüfungen		
• Alte Aufgaben gelöst?	☐	☐
• Eigene Aufgabe entwickelt und gelöst?	☐	☐
Für mündliche Prüfungen		
• Eigene mündliche Prüfungsfragen überlegt?	☐	☐
• Vortrag trainiert?	☐	☐

Mein Resümee nach dem 12. Tag:

Meine Vorsätze und Ziele für den nächsten Tag:

13. Tag – Generalprobe

Gehen Sie noch einmal ganz zurück zum Lernstoff des ersten Crashkurstages. Sie werden sehen, dass Sie nichts verlernt und Ihr Wissen inzwischen um ein Vielfaches erweitert haben.

Nicht nur Theaterstücke und Musicals werden für den Ernstfall vorbereitet. Führen auch Sie generalstabsmäßig eine Probe Ihrer anstehenden Prüfung durch. Treffen Sie sich mit Ihrer Lerngruppe oder Ihrem Lernpartner. Jeder bringt zu diesem Termin eine komplette vorbereitete Prüfung mit, die die anderen ablegen müssen. Wenn Sie also zu dritt sind, bedeutet das zwei Prüfungen für jeden! Freuen Sie sich darauf, denn Sie werden sie mit Bravour bestehen.

Checkliste

Allgemein	Ja	Nein
• Morgens die Zeit für Wiederholungen genutzt?	☐	☐
• Alle Karten während des Tages mehrmals angesehen?	☐	☐
• Konzentrationsübung durchgeführt?	☐	☐
• Entspannungsphasen durchlebt?	☐	☐
Für schriftliche Prüfungen		
• Generalprobe mit Lernpartner/-gruppe durchgeführt?	☐	☐
Für mündliche Prüfungen		
• Generalprobe mit Lernpartner/-gruppe durchgeführt?	☐	☐

Mein Resümee nach dem 13. Tag (Generalprobe):

Der große Tag: die Prüfung. Gut vorbereitet ist sie kein Problem.

14. Tag – Prüfung

Heute ist es so weit. Mit Ihrer Vorbereitung wird es höchtwahrscheinlich nicht darum gehen, dass Sie die Prüfung bestehen, sondern wie Sie sie bestehen! Eine völlig neue Erfahrung, die Sie machen werden. Sie können stolz auf sich sein. Glückwunsch!

Wenn Sie unruhig oder gar nervös sind, führen Sie ein paar autogene Trainingsübungen durch, wie sie im Kapitel »Brainfood zur geistigen Stärkung« (siehe Seite 134 ff.) beschrieben sind. Danach gehen Sie entspannt und selbstbewusst ans Werk.

Auch wenn Sie ein bisschen aufgeregt sein sollten: Sie schaffen die Prüfung, und mit Hilfe des Crashkurses und Ihrer Lernorganisation schaffen Sie sie sogar mit Bravour.

Resümee

Nachdem Sie die Prüfung geschrieben und selbstverständlich auch geschafft haben, gönnen Sie sich eine echte Belohnung. Gehen Sie groß essen, am besten gemeinsam mit anderen, die mit Ihnen gelernt oder die Prüfung geschrieben haben.

Tauschen Sie sich aus – welche Aufgaben waren besonders leicht oder schwer? Wie hätte man die verschiedenen Teile anders vorbereiten sollen? Wie sah der Zeitplan bei den anderen aus? Lassen Sie einander an den verschiedenen Tips teilhaben, und erweitern Sie den Crashkurs, falls nötig. Oder entwerfen Sie sich Ihren persönlichen Crashkurs für die nächste Prüfung.

Anhang

Auf diesen und den folgenden Seiten finden Sie die Lösungen zu den im Buch vorgestellten Übungen sowie ergänzende Beispiele. Natürlich gibt es in den meisten Fällen weitere Anwendungsbeispiele, die der Leser für sein spezielles Lernproblem finden und nutzen kann.

1. Aufgabe – ergänzende Beispiele

Beispiel 3

Aus der Null kann man eine Sonne zeichnen. Der erste Buchstabe von Sonne ist ein »S«.

Beispiel 4

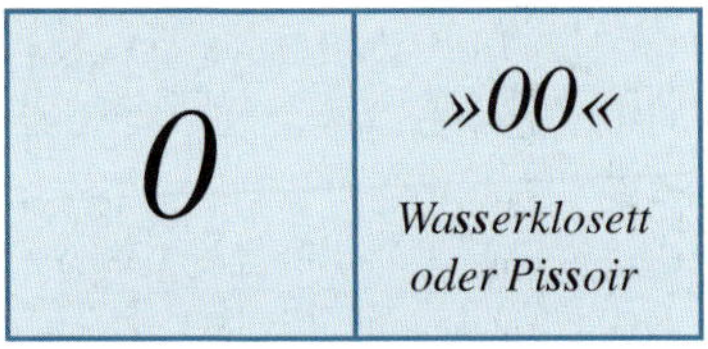

»00« steht für Wasserklosett oder Pissoir. Beide Worte enthalten mehrfach ein »s« .

2. Aufgabe – ergänzende Beispiele

Beispiel 3

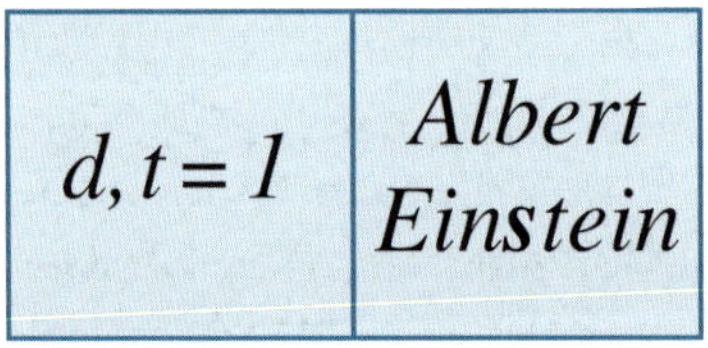

Denken Sie an Albert Einstein. Der Nachname bringt die Eins mit »t« in Verbindung.

Beispiel 4

Am 11. 11. beginnen die »Tollen Tage« (der Karneval). Beide Wörter beginnen mit dem Buchstaben »t«.

3. Aufgabe – ergänzende Beispiele

Beispiel 3

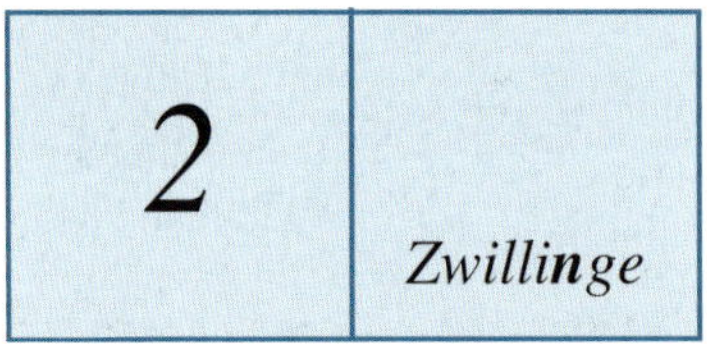

Zwillinge enthält als drittletzten Buchstaben ein »n«

Beispiel 4

Jeder Mensch hat zwei Ohren. Hier ist »n« der letzte Buchstabe.

4. Aufgabe – ergänzende Beispiele

Beispiel 3

Stellen Sie sich vor, wie eine Meerforelle an einem dreiendigen Angelhaken angebissen hat, den Sie an der Angel haben.

Beispiel 4

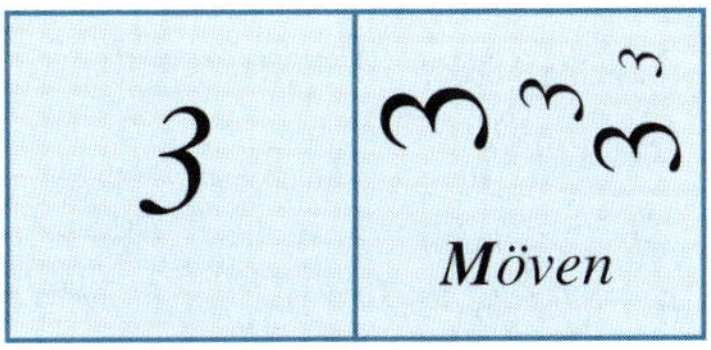

Wenn Sie die Zahl 3 um 90° nach links drehen, sieht sie wie eine Möwe aus. Der erste Buchstabe in »Möwe« ist ein »M«.

Assoziationen fordern und fördern die Phantasie. Zugleich bieten Sie die beste Möglichkeit, nicht nur Fakten, sondern auch Zusammenhänge zu lernen. Solche Bilder bleiben lange im Gedächnis

5. Aufgabe – ergänzende Beispiele

Beispiel 3

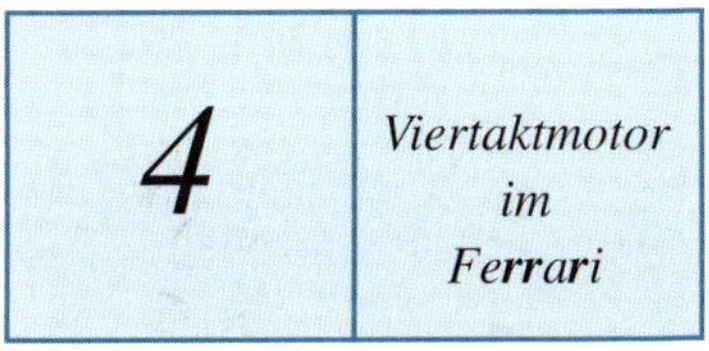

Ein Ferrari hat einen Viertaktmotor. Hier findet man sogar mehrfach den Buchstaben »r« im assozierten Wort.

Beispiel 4

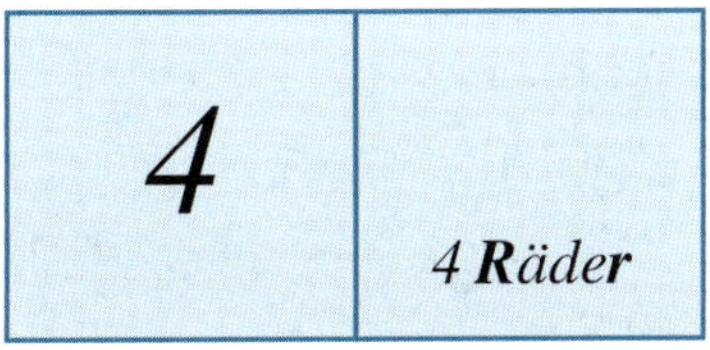

Das Auto hat vier Räder. Der Buchstabe, auf den es hier ankommt, ist sowohl am Beginn als auch am Schluss des Wortes vorhanden.

6. Aufgabe – ergänzende Beispiele

Beispiel 3

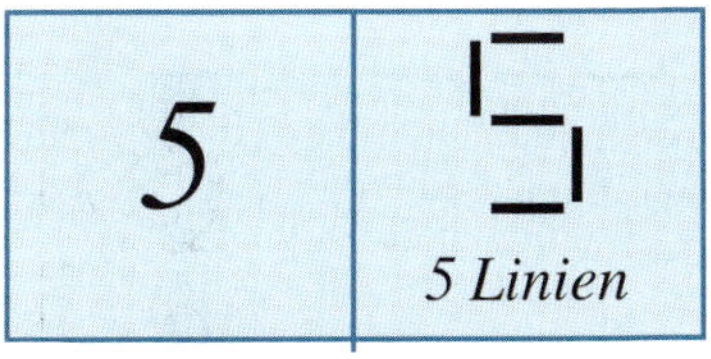

Die computergeschriebene Zahl Fünf besteht aus fünf Linien. Der erste Buchstabe ist ein»L«.

Beispiel 4

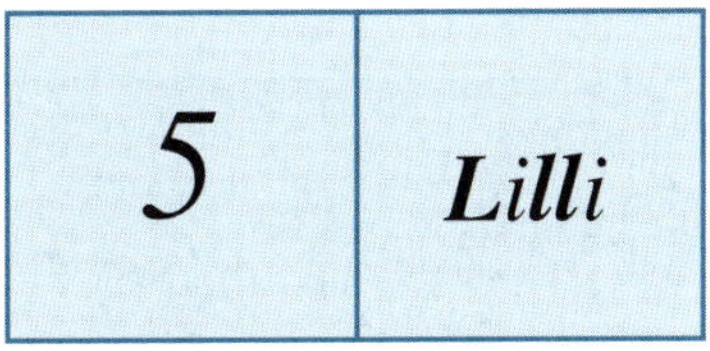

Denken Sie bei der Rundung der Zahl an den Bauch einer schwangeren Frau, die Ihr Kind Lilli nennen wird.

Für alle Zahlenbeispiele gibt es noch viele Varianten mehr. Wichtig ist, dass man seine individuelle Form findet und konsequent anwendet. So kann man das Zahlengedächnis bald in Hochform bringen

7. Aufgabe – ergänzende Beispiele

Beispiel 3

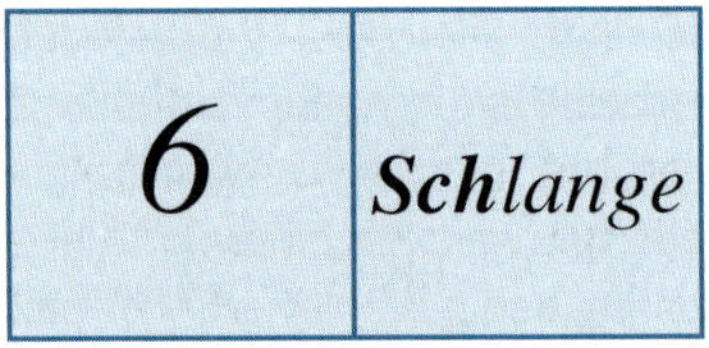

Eine Schlange formt sich wie die Zahl Sechs. Das Wort beginnt mit »Sch«.

Beispiel 4

Mit ein wenig Phantasie kann man sich eine Gießkanne vorstellen, die eine sechsförmige Gestalt hat.

8. Aufgabe – ergänzende Beispiele

Beispiel 3

Die Form der Zahl Sieben sieht aus wie eine Klippe. Der erste Buchstabe ist ein »K«

Beispiel 4

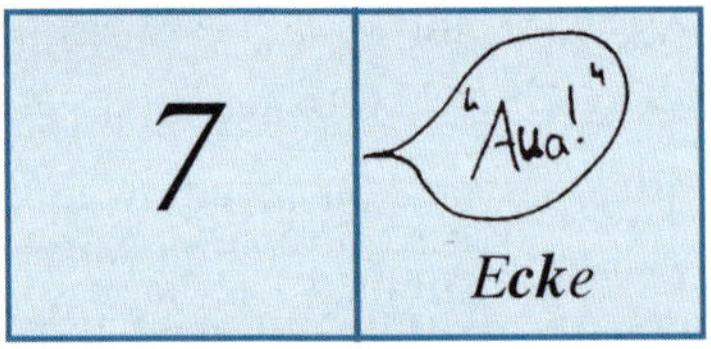

Stellen Sie sich vor, Sie stoßen sich an der spitzen Ecke der Zahl Sieben.

9. Aufgabe – ergänzende Beispiele

Beispiel 3

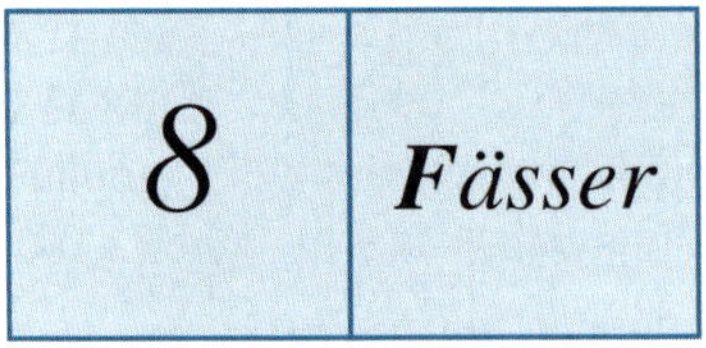

Zwei übereinanderliegende Bierfässer sehen wie eine Acht aus.
In dem Wort »Fässer« ist ein »f« enthalten.

Beispiel 4

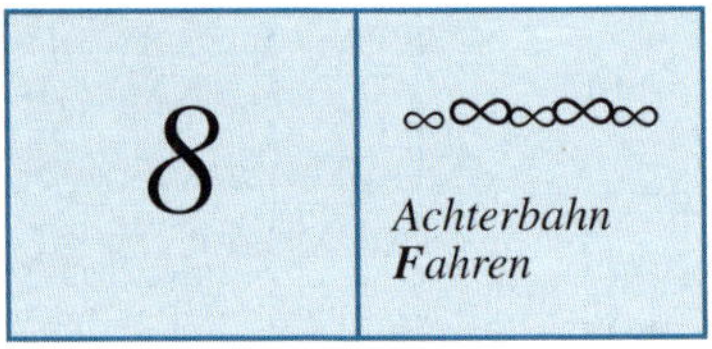

Fahren Sie gerne Achterbahn? Assoziieren Sie die Acht in »Achterbahn« mit dem »F« im Wort »fahren«, um sich diesen Vergleich einzuprägen.

10. Aufgabe – ergänzende Beispiele

Beispiel 3

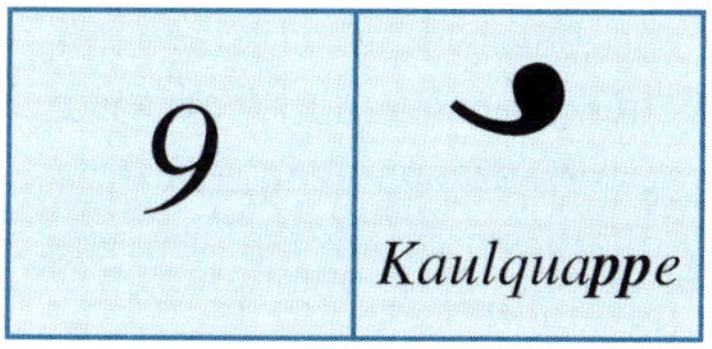

Die Zahl Neun hat, wenn die Phantasie ein wenig nachhilft, Ähnlichkeit mit der Gestalt einer Kaulquappe. In dem Wort befinden sich zwei »p«.

Beispiel 4

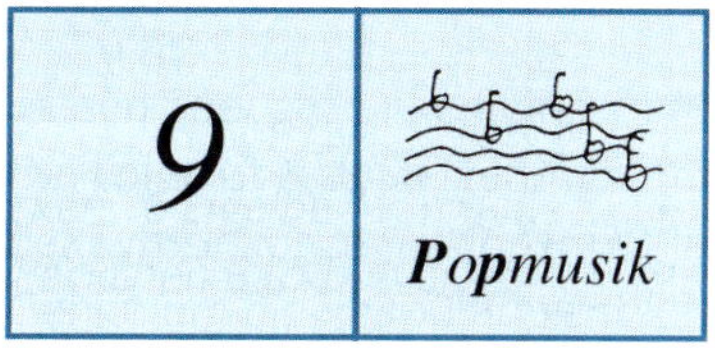

Stellen sie sich bildhaft vor, daß die Notensymbole einer Popmusik wie umgedrehte Neunen aussehen.

Wer es versteht, beide Hälften des Gehirns zu nutzen, kann seine Lernleistung wesentlich verbessern. Mit etwas Übung und Geduld ist das nicht schwer.

Lösung von Seite 35

Die beiden Quaderformen von Seite 35, dargestellt mit Hilfslinien. Nachdem die linke Gehirnhälfte dazugeschaltet wurde, sind zwei Quader zu erkennen.

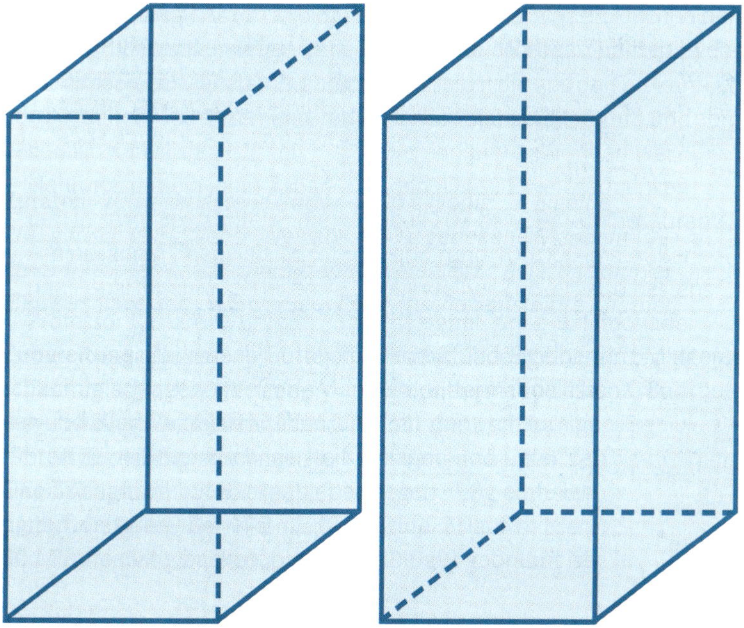

Die sinnvolle Kombination von Zahlen und Buchstaben bietet eine Vielfalt von Lernhilfen, die auf die meisten Lerninhalte anwendbar sind. Es kommt auch hierbei auf die sinnvolle Auswahl an.

Lösungsantworten von Seite 71/72

Beispiel 1: Währungen Musik Spiele Zeitungen Autos
Beispiel 2: Schornsteinfeger, Obligatorisch, Imponiergehabe, Ankündigung, Garderobenständer

Lösungsantworten von Seite 73

Kaufhof und Kaufhalle; die Kirche ist gelb;
auf der Kirchturmuhr ist es kurz nach halb sechs; keine Taxis;
U- und S-Bahn-Station

Lösungsbeispiele von Seite 78

Herr Peters:
Man kann sich vorstellen, wie Herr Peters in seinem Garten ein riesiges Feld von Petersilie anbaut.
Frau Kubalski:
Der Name läßt sich in Ku ... (wie Kuh), ... bal ... (wie Ball) und ... ski zerlegen. Frau Kubalski sitzt auf einer Kuh, die mit angeschnallten Skiern Fußball spielt.
Herr Dr. Bickelmann:
Durch das viele Rauchen ist das Gesicht von Herrn Dr. Bickelmann übersät mit Pickeln. »Mann o Mann«, sagen Sie zu sich.

Lösungen von Seite 80

Beispiel 1:

3	+	7	=	10
−		−		−
2	+	4	=	6
1	+	3	=	4

Beispiel 2:

5	−	4	=	1
+		−		+
3	+	3	=	6
8	−	1	=	7

Lösungen von Seite 81

Beispiel 3:
Alles hat ein Ende. Nur nicht dieser runde Spruch.

Beispiel 4:
Der Rauminhalt einer Kugel macht immer 52% des Raumes eines gleich großen Würfels aus. Also befindet sich in beiden Schachteln die gleiche Menge an Mozartkugeln. Beim Konditor mit der großen Kugel machen Sie also das bessere Geschäft.

Denksportaufgaben und Knobeleien fördern die Fähigkeit, den »roten Faden« eines scheinbar verwickelten Problems zu erkennen.

Lösungen von Seite 82

Beispiel 5:

2 – 4 – 6 + 8 = 0	2 + 4 – 6 + 8 = 8
1 / [(2 – 4 + 6) : 8] = 2	(2 x 4) – 6 + 8 = 10
2 + 4 + 6 – 8 = 4	(2 + 4) x (–6 + 8) = 12
(2 x 4) + 6 – 8 = 6	–2 + [(–4 + 6) x 8] = 14

Beispiel 6:

a) E	b) 13	c) XYY	d) 54	e) Z
f) Tim	g) 0101	h) 16	i) Freiheit	j) 161,051
k)	l) 	m) 	n) 	

Lösungen von Seite 83

Beispiel 7:
Figur A: a + d

Figur B: a+ e

Lösungen von Seite 85

Beispiel 9:

BINNENSEE KUHMILCH SPEISEEIS WASSERSPIEGEL EILAND KARTENSPIEL PLATZREGEN GUSSEISEN BAHNHOF BRÄUHAUS TÜRSCHLÜSSEL BUNDHOSEN TRÄGERGERÜST ARBEITERVIERTEL STUNDENKILOMETER WEITBLICK KONTAKTANZEIGEN BLATTSPINAT PFLANZENGARTEN GERÄTEWART BURGVERLIES

Lösungen von Seite 86

Beispiel 10: Würfel mit Zahlen

Bildnachweis

AKG, Berlin: 68; Bilderberg, Hamburg: 149 (S. Elleringmann); IFA-Bilderteam, Taufkirchen: 10 (AGE), 36 (J. Heron), 38 (TPL), 53 (ICS), 73 (Nägele), 88 (Wolff), 127 (Bumann), 152 (IPP); Image Bank, München: Titelbild (Fond) (Anne Rippy) u. (Einklinker/klein) (David de Lossy), 2 (Alvis Upitis), 13 (Carol Kohen), 44 (Stuart Dee), 102 (P. Proehl), 116 (Will Crocker), 133 (N.N.), 166 (Flip Chalfant); Mauritius, Mittenwald: Titelbild (Einklinker/groß) (Phototheque SDP), 134 (Reinhard); Tony Stone, München: 18 (Garry Hunter), 30 (Don and Pat Valenti), 58 (Nick Dolding), 118 (Peter Poulides), 120 (Poulides/Thatcher), 145 (Ken Scott), 183 (Ian Shaw)

Anmerkung der Redaktion

Sie haben es sicher bemerkt, dass wir diesem Buch die neuen amtlichen Rechtschreibregeln zu Grunde/zugrunde gelegt haben.

Hinweis

Das vorliegende Buch ist sorgfältig erarbeitet worden. Dennoch erfolgen alle Angaben ohne Gewähr. Weder Autor noch Verlag können für eventuelle Nachteile oder Schäden, die aus den im Buch gegebenen praktischen Hinweisen resultieren, eine Haftung übernehmen.

Impressum

Zweite Auflage 1997

Redaktion: Martin Stiefenhofer
Projektleitung: Ernst Dahlke
Redaktionsleitung: Josef K. Pöllath
Bildredaktion: Sabine Kestler
Produktion: Manfred Metzger
Umschlag und Layout: Heinz Kraxenberger, München
DTP/Satz: AVAK Publikationsdesign, München
Druck und Bindung: Legoprint, Trento
Printed in Italy

Gedruckt auf chlor- und säurearmem Papier

ISBN 3-517-01924-0

Register